中国北宋官瓷

陈士能 书

于乐土 著

中原出版传媒集团
中原传媒股份公司

大象出版社
·郑州·

图书在版编目(CIP)数据

中国北宋官瓷／于乐土著.— 郑州：大象出版社，2020.10
ISBN 978-7-5711-0584-6

Ⅰ.①中… Ⅱ.①于… Ⅲ.①官窑-瓷器（考古）-中国-北宋 Ⅳ.①K876.3

中国版本图书馆 CIP 数据核字(2020)第 053515 号

中国北宋官瓷
ZHONGGUO BEISONG GUANCI

于乐土　著

出 版 人	汪林中
责任编辑	宋海波
责任校对	毛　路
版式设计	王晶晶
封面设计	郑州新海岸电脑彩色制印有限公司

出版发行　大象出版社（郑州市郑东新区祥盛街27号　邮政编码450016）
　　　　　　发行科　0371-63863505　总编室　0371-65597936
网　　址　www.daxiang.cn
印　　刷　郑州新海岸电脑彩色制印有限公司
经　　销　各地新华书店经销
开　　本　890 mm×1240 mm　1/16
印　　张　10.25
字　　数　226 千字
版　　次　2020 年 10 月第 1 版　2020 年 10 月第 1 次印刷
定　　价　68.00 元

若发现印、装质量问题，影响阅读，请与承印厂联系调换。
印厂地址　郑州市鼎尚街 15 号
邮政编码　450002　　电话　0371-67358093

谨以此书

献给所有曾经为研究和恢复北宋官瓷烧制技艺默默耕耘的前贤、师长和工作人员,以及所有关怀、爱护官瓷文化艺术的老师们、朋友们!

序一

我和于乐土是在 2010 年 8 月中国首届陶瓷"大地奖"评选活动中相识的,那时他是参展作者,我是中国陶瓷工业协会特邀的评委。我对于乐土烧制的官瓷作品很感兴趣,他烧制的作品,确实已达到很高的水平,可以与我们馆藏的宋官窑作品媲美,所以我支持他的作品获奖。在展评结束后,我邀请于乐土到中国国家博物馆参观,并把于乐土的官瓷作品引进中国国家博物馆的名人厅展示,于乐土也成了唯一一位作品被中国国家博物馆收录的北宋官瓷作者。

其后,由于工作关系,我曾多次到开封北宋官瓷研究所进行实地考察,观摩北宋官瓷的烧制技艺,便和于乐土有了更多的交往。其间,我们就官瓷制作和官瓷学术等方面,进行了多次的交流和长谈。于乐土的实践经验和对官瓷理论的见解,给我留下了极好的印象。

据我个人的观察和了解,于乐土在开封官瓷行业是一位非常优秀的技术带头人,他的技艺和理论研究水平在开封官瓷行业首屈一指,这也是他能够代表北宋官瓷界参加诸多重大展示活动和学术交流的根本原因,我为他感到骄傲。

2013 年 5 月,应开封县(今开封市祥符区)文管所的邀请,我和我们博物馆考古部的主任杨林先生到开封陈留做田野考古调查,于乐土作为开封官瓷行业中唯一的代表,始终陪同我们开展调研工作,并针对考古课题,阐述了他个人的见解和观点,对我们很有启发和帮助。本次田野考古调查结束后,我和于乐土先生共同撰写了学术论文《开封东窑与北宋官瓷的法缘》,受到了业界的一致好评,也为开封陈留日后的考古工作贡献了一份心力。

于乐土现在担任由他个人名字命名的艺术工作室主任,并兼职担任许多社会职务,是一个乐于奉献和勇于担当的陶瓷艺术家。我对他十分敬重,我由衷地认为,他的学术理论及艺术实践,对推动官瓷文化发展具有一定的创造性和历史意义。

中华人民共和国文化部民族文化基金会专家委员会原主任、中国国家博物馆副研究员
侯松园

序 二

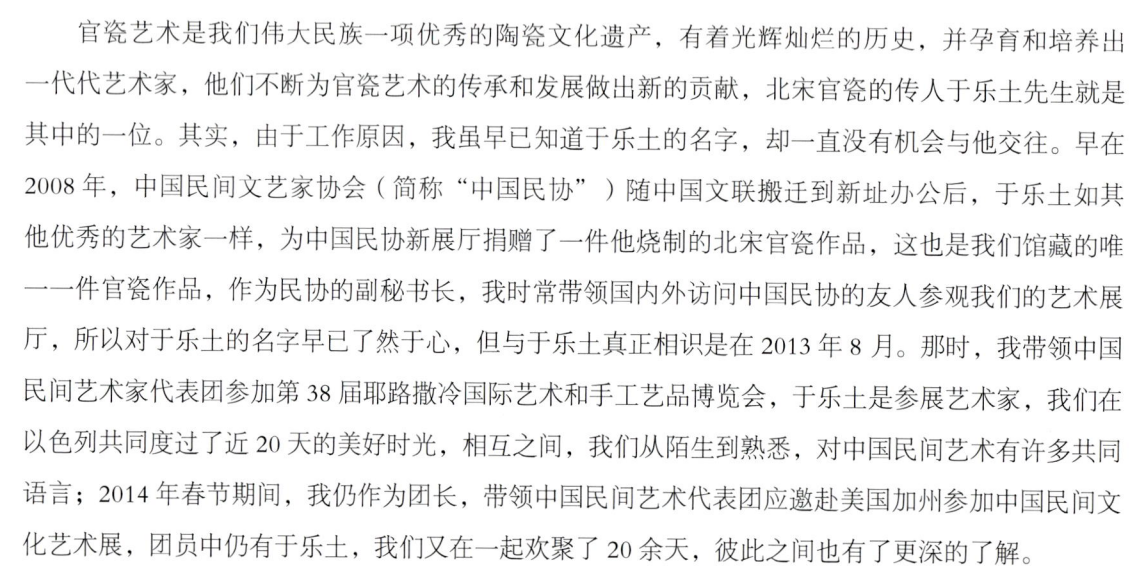

　　官瓷艺术是我们伟大民族一项优秀的陶瓷文化遗产，有着光辉灿烂的历史，并孕育和培养出一代代艺术家，他们不断为官瓷艺术的传承和发展做出新的贡献，北宋官瓷的传人于乐土先生就是其中的一位。其实，由于工作原因，我虽早已知道于乐土的名字，却一直没有机会与他交往。早在2008年，中国民间文艺家协会（简称"中国民协"）随中国文联搬迁到新址办公后，于乐土如其他优秀的艺术家一样，为中国民协新展厅捐赠了一件他烧制的北宋官瓷作品，这也是我们馆藏的唯一一件官瓷作品，作为民协的副秘书长，我时常带领国内外访问中国民协的友人参观我们的艺术展厅，所以对于乐土的名字早已了然于心，但与于乐土真正相识是在2013年8月。那时，我带领中国民间艺术家代表团参加第38届耶路撒冷国际艺术和手工艺品博览会，于乐土是参展艺术家，我们在以色列共同度过了近20天的美好时光，相互之间，我们从陌生到熟悉，对中国民间艺术有许多共同语言；2014年春节期间，我仍作为团长，带领中国民间艺术代表团应邀赴美国加州参加中国民间文化艺术展，团员中仍有于乐土，我们又在一起欢聚了20余天，彼此之间也有了更深的了解。

　　于乐土是中国民协会员，也是官瓷界最优秀的艺术家之一。多年以来，中国民协举办的文化交流及艺术展览活动，无论在国内还是国外，只要包含官瓷艺术门类，基本都是于乐土作为代表出席，为活动增华。于乐土烧制的官瓷作品代表着行业的极高水平，为专家学者和收藏家们所公认。同时他还更具有一个真正艺术家的胸襟——甘于奉献、勇于担当和与人为善的亲和力。仅我率团出访以色列和美国这两次涉外展览和交流活动，于乐土都向主办方捐赠了自己精心烧制的官瓷作品，表达对他们邀请中国民间艺术家的谢意。一个懂得感恩的人，确实让我敬佩。

　　我相信于乐土获得的诸多荣誉称号以及获奖证书，足以证明他优秀的技艺与品行，这是毋庸置疑的。于乐土在国内唯一一家北宋官瓷研究所工作20余年，并长期担任研究所技术副所长，负责官瓷的烧制，20余年勤勤恳恳献身官瓷事业。当然，这也是他在官瓷文化艺术上取得巨大成功的保证。

　　我深信于乐土官瓷艺术能为民族传统文化的弘扬、发展做出更多的贡献，这当然也是我最恳切的希望。

中国民间文艺家协会副秘书长　吕　军

目 录

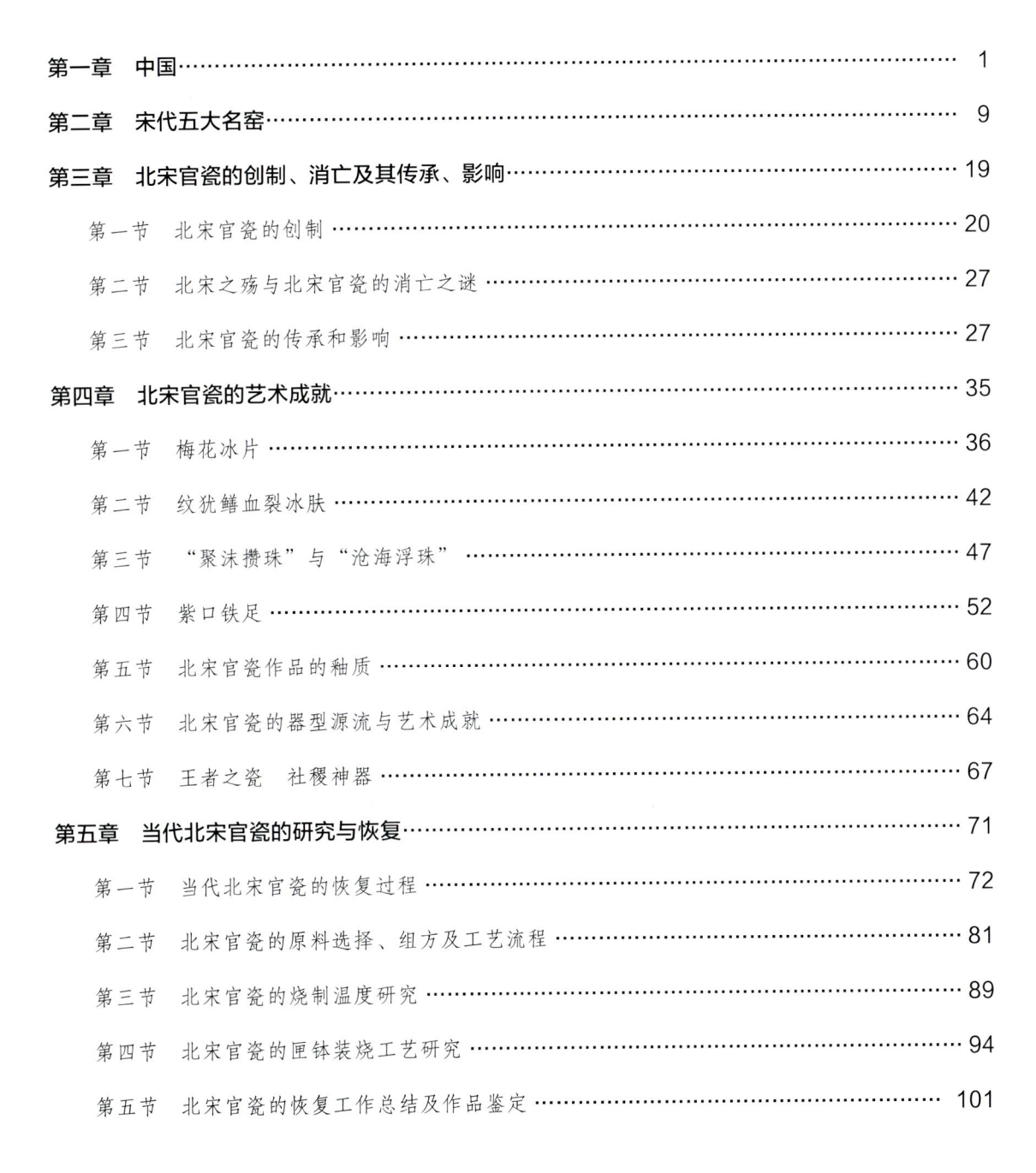

第一章　中国 ··· 1

第二章　宋代五大名窑 ··· 9

第三章　北宋官瓷的创制、消亡及其传承、影响 ····································· 19

　　第一节　北宋官瓷的创制 ·· 20

　　第二节　北宋之殇与北宋官瓷的消亡之谜 ······································ 27

　　第三节　北宋官瓷的传承和影响 ·· 27

第四章　北宋官瓷的艺术成就 ·· 35

　　第一节　梅花冰片 ··· 36

　　第二节　纹犹鳝血裂冰肤 ·· 42

　　第三节　"聚沫攒珠"与"沧海浮珠" ·· 47

　　第四节　紫口铁足 ··· 52

　　第五节　北宋官瓷作品的釉质 ·· 60

　　第六节　北宋官瓷的器型源流与艺术成就 ······································ 64

　　第七节　王者之瓷　社稷神器 ·· 67

第五章　当代北宋官瓷的研究与恢复 ··· 71

　　第一节　当代北宋官瓷的恢复过程 ·· 72

　　第二节　北宋官瓷的原料选择、组方及工艺流程 ···························· 81

　　第三节　北宋官瓷的烧制温度研究 ·· 89

　　第四节　北宋官瓷的匣钵装烧工艺研究 ·· 94

　　第五节　北宋官瓷的恢复工作总结及作品鉴定 ······························ 101

【附录一】于乐土访谈···105

【附录二】有关北宋官瓷的研究、恢复和鉴定资料·······························111

【附录三】开封北宋官瓷研究所企业标准··149

当代北宋官瓷的研究与恢复

——钧、汝、官三瓷同窑柴烧的回顾（代后记）·······························152

第一章 中国

中国是世界上历史最悠久的文明古国之一,更是一个享誉世界的陶瓷古国,素有『世界瓷国』之称。中国在陶瓷技术与艺术上所取得的成就,堪称举世无双,震古烁今……

中国是世界上历史最悠久的文明古国之一，更是一个享誉世界的陶瓷古国，素有"世界瓷国"之称。中国在陶瓷技术与艺术上所取得的成就，堪称举世无双，震古烁今。这一伟大的文明和艺术成就，对促进和推动人类社会的进步与发展，有着十分重大的作用和意义。当古人掌握钻木取火的方法后，陶瓷的历史性创造，孕育了一种崭新的文明生活。于人类文明而言，中国陶瓷技艺的发明和渐次成熟，犹如冉冉升起的一颗璀璨的明星，照亮了远古人类简陋的生活，在整个世界文明史上留下了浓墨重彩的一笔。先秦文献《吕氏春秋》，对我国远古的制陶事业予以记载："黄帝有陶正，昆吾作陶。"《史记》记载："舜耕历山，渔雷泽，陶河滨，作什器于寿丘。……陶河滨，河滨器皆不苦窳。"今天我们可以自豪地说，陶瓷发祥地之一的中国，占据着当时人类生

八棱贯耳扁瓶

八棱竹节瓶

八卦瓶

活的高地，中国制陶技艺产生的时代可追溯到距今13 000多年前的新石器时代早期。从那个遥远的时代起，我们中国开始出现大量的红陶、灰陶、黑陶、白陶、彩陶、彩绘陶等陶瓷制品。就目前所知的考古材料来看，灰陶在新石器时代早期仙人洞文化遗址、裴李岗文化遗址中已经出现，仰韶文化、龙山文化时期都有一定数量的灰陶。极具代表性的陶瓷种类还有磁山文化时期的红陶、仰韶文化时期的彩陶、大汶口文化时期的"蛋壳黑陶"，乃至商代白陶、西周硬陶等。而与河姆渡文化较为密切的原始青瓷，历史也源远流长，考古发掘方面也取得了令世人瞩目的成就。中国制瓷历史堪称连绵不绝，传承有序。尤值得我们中华民族骄傲的是，石器时代，一切文明都在萌芽之中，陶器便开始在中华大地上创烧。其社会进步之意义，实乃重大。英国著名学者摩尔根先生在论述陶器发明的意义时不乏感慨地说道："陶器的发明和使用是人类由野蛮状态进入文明社会的标志。"可以想见，当世界大多数地区的先民们还在河边以手捧水自饮之时，中国境内的先民们却以拥有瓷器的烧制技艺而傲立于世。从这个意义上说，智慧而勤劳的中华民族的发展史，伴随着陶瓷的发展创造，在这个划时代的时刻，由荒蛮而文明，开拓创新，引领风骚，几乎就是以陶瓷的发展史为代表的；中华民族早期科学技术上的成果以及对艺术的追求与创造，在许多方面也都是通过陶瓷制作来体现和表达的。这不独是时代的造化，也是我们中华民族先民以及陶瓷工匠们的至高荣耀。随着陶瓷业的发展和进步，中华民族不世的陶瓷成就，在不同时代均留有极富魅力的脚印，并引领人类向文明高地迁徙。

中国最早的瓷器是商代中期开始创烧出现的青瓷。不过那时工艺还不够成熟，故称为原始青瓷。至东汉时期，随着科技的发展和进步，青瓷的烧造技艺逐渐成熟，摆脱了原始状态的粗陋，

冰片大斗笠碗

大出戟尊

进入早期瓷器阶段。青瓷的研烧成功和其工艺的发展完善，不仅为古瓷器的发展开创了历史的新纪元，也是中华民族对世界文明史的一个极其重要的贡献。自汉以降，瓷业勃兴，异彩纷呈。从三国、两晋到南北朝时期，南方青瓷获得广泛发展，形成一个个独具风格的烧造体系。在汉代开始萌芽的黑瓷，更具特色，此时的瓷器制作工艺也大大提高，进入了艺术瓷器的领域。北方的内丘、临城、淄博、安阳等地，也于北朝时期开始烧制青瓷，并创烧了白瓷。这一时期我国的瓷器种类繁多，装饰丰富，成型、造型工艺也有了明显的改进和发展，特别是烧成方面，工匠们在提高烧制温度的同时，已能很好地掌握还原焰的烧成工艺，使瓷器釉面呈现出青莹如玉的光泽。隋唐时期，瓷器生产更加繁荣，陶瓷的制作技术也获得了突飞猛进的发展，并逐步形成了"南青北白"的瓷器烧造两大体系：南方以越窑、岳州窑、寿州窑、洪州窑以及婺州窑等为代表的"千峰翠色"之秀美而著称，北方则以邢窑、定窑等为代表的"类雪""似银"（陆羽《茶经》）之纯净而扬名。南北两大体系瓷器的艺术造诣如两座巍峨的高峰，在遥相对峙中争奇斗艳且相映生辉，中国陶瓷艺术与技艺至此也愈臻炉火纯青。

中国陶瓷工艺发展到宋代，出现了前所未有的"官民并举"、共同发展的情形，并取得了惊世的成就。此时中国封建社会内部商品经济迅速发展，科学文化异常发达，且伴随着充满活力的商业、手工业经济的大繁荣，北宋京城出现了具有划时代意义的"城市革命"，自此一改隋唐及五代十国时代政商严格分离的封闭式的"里坊制"，开始全面实行政商混合、政商相融的开放式的"街巷制"。商业区不再受"里""坊"之限，扩大到城市的各个角落。居民区与商业店铺交错杂陈，茶坊、酒肆饭庄比比皆是，勾栏瓦肆争奇斗艳。东京（今河南开封）是真正意义上"万国咸通"的国际大都市。正由于宋代社会经济和商业贸易的高度发展、物质生活的极大丰富，源远流长的中国文化至宋代终集其大成，达至顶峰。北宋国都东京更呈现出黄舒昺所说的"汴京富丽天下无"（《新修祥符县志》）的盛世气象。而这等经济发达、文化繁盛的文明盛况，一如《清明上河图》中所描绘的那样，富庶的北宋王朝开始以成熟自信和开放的胸怀，在封建经济大发展的道路上阔步向前。可以想见，当时经济实力独步全球的北宋王朝，工商业极度繁华，加之对多彩多姿的传统文化的传承、发展和开拓，极大地推动了科学技术的进步和制瓷工艺水平的提高，也使得宋朝的物质文明和精神文明获得无与伦比的发展和进步。毫不夸张地说，相较于中国整个封建历史时期而言，有宋一代，无论是哲学、伦理、教育、文学、艺术、医学，还是科学技术、手工业等，可谓是百花齐放，达到历史前所未有的高度。英国学者李约瑟曾由衷地说道："每当人们在中国文献中查找一种具体的科技史料时，往往会发现它的焦点在宋代，不管在应用科学方面或纯科学方面都是如此。"现当代著名国学大师陈寅恪先生在为其弟子邓广铭《宋史职官志考证》一书所作的序中，心怀高亢、激昂，对于宋代文明也充满深情地赞叹道："华夏民族之文化，历数千载之演进，造极于赵宋之世。"他们对宋代不世的文化成就由衷的景仰，溢于言表。而作为日常生活和典雅艺术都必不可缺的陶瓷业，承其盛世，发挥得尤为出色，更达到了空前繁荣的鼎盛时代，艺术成就堪称登峰造极，中国陶瓷由是进入了第一个全盛时期。

宋代瓷业的繁荣昌盛，一方面是陶瓷艺术的制作景象极为壮观。广袤的中国大地，制瓷手工业成为当时最普遍的致富事业之一。熙熙攘攘，热火朝天，民窑作坊可谓星罗棋布。那袅袅窑烟，如云蒸霞蔚，映照出各窑口陶瓷艺术的璀璨之光，动人心弦。在这样激动人心的大气候下，陶瓷工匠们依据和凭借各自的地域优势及传统工

小方琮瓶　　　　　　　　大方琮瓶

中国北宋官瓷

大方觚 　　　　　　　　　　　　大方鼎

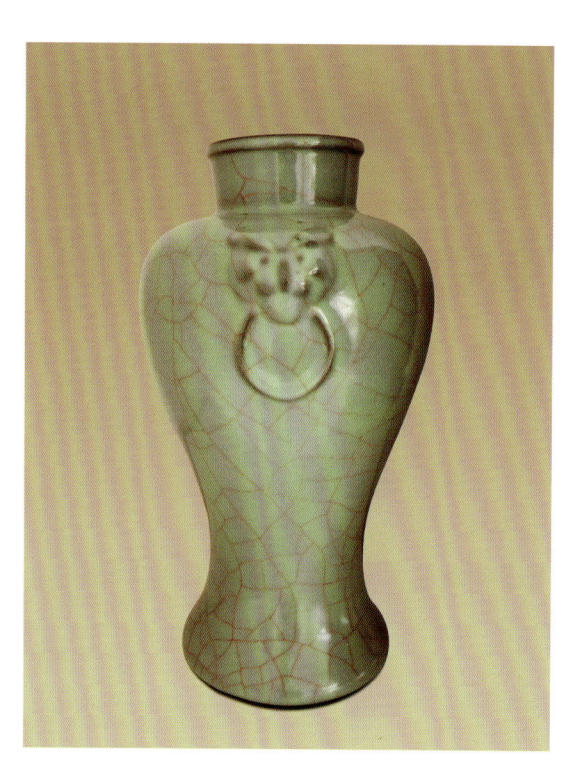

大铺兽瓶 　　　　　　　　　　　大鬲式炉

艺文化，在窑口间的相互竞争中各显神通，渐次成熟并基本奠定了对传统制瓷技艺的传承、发展和创新之路。一时间名窑涌现，仿佛百花齐放，陶瓷盛业硕果累累而又各具风采，终以博大的胸襟和激昂的抱负，成就了中国陶瓷史上宋代定窑系、钧窑系、耀州窑系、磁州窑系及南方的龙泉青瓷窑系、景德镇青白瓷窑系、越窑系、建窑黑釉瓷系八大窑系的辉煌，以及"官、汝、哥、定、钧"五大名窑"千古绝唱"的历史性文化成果。以此而论，有宋一代堪称一个活力四射的陶瓷时代，制瓷技术的广为传播，不同窑口的竞相仿制和竞争，波澜壮阔，营造出中国陶瓷史上一幅最为辉煌的历史画卷。自然而然，随顺潮流，天下响应者纷纷加入这陶瓷时代雄浑的合唱之中。能工巧匠，各竞风流；制瓷技艺，不断创新；陶瓷硕果，前无古人。以"大师"的时代和陶瓷的时代来定位宋代，一点都不为过。

另一方面，由"宫廷置场、内府制样、民匠造器、兵士供役"（李民举《宋官窑论稿》）的官窑在东京应时而立。宋帝王凭借富有天下的优势，不计成本地选用上好原料烧造御用瓷器，来满足皇室贵族对祭祀礼器和奢华生活的追求。其纯正的皇家色彩，一改过去官搭民烧或民代官烧的朝廷用瓷的制瓷历史。使中国制瓷工艺在皇家瓷窑达到了令人叹为观止的艺术高度，并由此开创出中国陶瓷史上御用瓷器烧制的官窑制度。在客观上，追求法度、高贵典雅、制作精良的瓷器作品，在成为皇室尊严、地位、权势和财富象征的同时，也深深影响和振奋了整个中国瓷坛，并将中国青瓷的烧制艺术推到了巅峰。

宋代陶瓷业的高度发达，艺术上的高度成就，历史上鲜有如此隆盛的规模。宋代窑口作坊遍布全国，其宏大的瓷器制作能力，自然会带来丰硕的成果，使宋王朝理所当然地成为世界性的陶瓷王国。民国学者郭葆昌在其陶瓷专著《瓷器概说》中说道，北宋名窑最多，并以定、钧、东、汝、官、龙泉、哥、弟等名窑为例加以说明。事实也的确如此，有宋一代，在风格迥异、窑口体系特点明显的一批名窑脱颖而出时，无数产量较少但独具特色的小型民窑也炉火熊熊。它们在为宫廷生产御用器皿的同时，更为老百姓生产出大量日常生活用品。宋代承接历代丝绸之路的传统，更将其发展成为包括两条海路在内的"陶瓷之路"，王朝大力推行"一切倚办海舶"的商贸政策，奖励外贸，不遗余力推动陶瓷贸易的发展和建设。广州、泉州均设置市舶司，由政府直接管理航运业务。中国大量精美的陶瓷产品，主要通过这两大商港通达海外50余国，远输世界各地。从亚洲、非洲到欧洲、美洲，宋王朝精绝的陶瓷艺术光照世界。据记载，荷兰、葡萄牙商人最早贩运中国瓷器到欧洲时，华贵珍罕的瓷器价格几乎与黄金相等。日本学者三上次男考证中世纪陶瓷贸易的历史后，在其《陶瓷之路》一书中称赞陶瓷是跨

鼓钉花觚

大贯耳瓶

越中世纪东西方的一条友谊纽带，同时也是一座东西方文化交流的桥梁。他对中国陶瓷造福人类，以及陶瓷艺术传播世界各地，给予了极高的评价。英国考古学家惠勒更对宋代中国陶瓷跨海赴英的史实充满敬意，他也赞叹道："10世纪以后的坦葛尼喀地下埋藏的历史，就是用中国瓷器写成的。"确实，陶瓷之美不会倏然消失，它在最大程度上象征着中华民族"宁为玉碎，不为瓦全"的性格，即使打成碎片，它美妙的光芒也会闪耀照人。尤值得一提的是，9世纪中叶，阿拉伯商人苏雷漫游中国，对中国瓷器的艺术品位感触尤深。他在游记中，用深情的笔墨，对中国青瓷独具风采的艺术成就予以特别推崇，以至于他以瓷器来称呼中国。英文"中国"即"China"一语，即源自苏雷对中国青瓷之称，以至于后来约定俗成，许多国家和民族，以瓷器之名称谓和象征中国（如西方人称瓷器为china)，其实就是源于中国古代陶瓷无与伦比的艺术创造和经久不息的辉煌影响。由此可见，中国陶瓷在世界各国人民心目中的地位。

总之，有宋一代，灿烂多彩的中华文化风云际会，对人类社会的文明做出了极大的贡献。一些独具慧眼的学者在论述宋文化的精髓时，也由衷地认为，宋词和宋瓷，乃是宋文化的核心，文化成就、艺术创造无与伦比，绝响天下。

第二章 宋代五大名窑

清代 学者周中孚在其《郑堂读书记》一书中道,"内库所藏柴、汝、官、哥、均、定各窑器皿,款典雅者,写图进呈拣送"。是为最早提及"五大名窑"的历史记载……

清代学者周中孚在其《郑堂读书记》一书中道，"内库所藏柴、汝、官、哥、均、定各窑器皿款典雅者，写图进呈拣送"。是为最早提及"五大名窑"的历史记载。清代学者许之衡在其《饮流斋说瓷》中也提到宋代的五大名窑，即柴、汝、官、哥、定。将宋代最著名的窑口载入书中，且两书都言及柴窑。清吕留良在其《吕留良诗笺释》中也记载："论窑器，必曰柴汝官哥定。柴不可得矣。闻其制云：青如天，明如镜，薄如纸，声如磬。此必亲见故，论之如是其真。"同是明代的学者，曹昭在其《格古要论》中，还论述了柴窑瓷的产地："柴窑出北地。"清代梁同书在其《古窑器考》中也指出，柴窑为后周世宗柴荣的御窑，窑口在河南郑州。书中提到柴窑作品青如天、明如镜、薄如纸、声如磬，滋润细媚有细纹。更为详细地介绍了柴瓷的缘起、产地及特征。从

大十字兽耳瓶

大梅瓶　　　　　　　　　　　　　　　大铺首方瓶

这些记述中可得知，在严格意义上说，宋代应有"六大名窑"。所憾的是，名列诸窑之首的柴窑在明代似乎已很少见，清以降可能已完全绝迹，未有传世品的记载。时至今日，国内外虽不乏大量的收藏机构和收藏家，但均未见有详细传承谱系记载的柴窑传世器物，加之柴窑窑址至今也未发现，故后人只能忍痛割爱将柴窑去掉，集"汝、官、哥、定、钧"并称为宋代"五大名窑"。终究，一无传世器物印证，二也找不到窑址，即使将柴窑举出来拼为"六大名窑"，因其看不见又摸不着，在学术之外，实无什么文化鉴赏意义了。

另一方面，值得一提的是，绝唱于中国陶瓷史的宋代"汝、官、哥、定、钧"五大名窑，并非指这些窑口全部起源于宋王朝。据史料记载和专家考证，这"五大名窑"，除官窑（即北宋官瓷和南宋官瓷）创制于北宋末年和南宋初年，哥窑又稍晚于官窑的年代。定窑、汝窑和钧窑这三大名窑，历史均早于北宋，是为传世窑种。这三大窑口之所以被纳入宋代五大名窑之中，主要在于此三窑口经历唐末五代瓷业的勃兴，恰逢北宋陶瓷盛世，无论在器物的造型上，还是在釉料配制和制作工艺上，乃至在驾驭炉火的烧制技艺上，均在入宋后达到了制瓷艺术的最高水平，工艺和烧制技术获得了很好的发展和提高，并逐渐形成自己典型的烧成风格。哥窑作品无论器型还是釉质、釉色及特征等绝类官窑，与徽宗官瓷一脉相承，故后世多有"官哥不分"之说。定窑、汝窑和钧窑三大窑口，先后都有过烧造贡御瓷器的辉煌历史和荣耀，并深为宋帝王及主管大臣们激赏和褒奖，可谓有着非同凡响的地位，一时身价百倍，成为当时窑口的代表。别的不说，单就从能成为朝廷御用瓷器烧制者这一点来论，其作品的制作水平应相当高，否则也不会入朝廷之眼。故而，列此四窑口为宋代名窑，首先源于朝廷亦即官方对其精湛制作技艺的确认，同时因朝廷命其烧制御用瓷器的推崇，其声誉渐在民间广泛隆起，

第二章　宋代五大名窑

深为人们所喜爱，成为一代名窑而传颂于天下，自不在话下。

1. 定窑

定窑的中心窑址分布于今河北曲阳县一带。宋时曲阳隶属定州，故名定窑。定窑创烧白瓷于唐代，鼎盛时期在北宋。定窑是一个比较庞大的瓷窑体系，是中国陶瓷艺术一座巍峨的巅峰。其产品繁多，以白瓷为主，也兼烧酱釉、黑釉和绿釉，特别是覆烧工艺，以及刻花、划花、剔花、印花等装饰技艺驰名天下，是中国古陶瓷唯一一个以精美白瓷傲立天下的瓷系。中国陶瓷史曾有"汁水莹润如堆脂"的赞美诗句，来形容定窑作品像玉一般的质地。元代刘祁在其《归潜志》中也由衷地赞叹说"定州花瓷瓯，颜色天下白"，对定瓷的品质特征给予了极高的评价。

定窑虽属民窑，但因瓷质细腻精良、釉面光润，釉色淡雅，纹饰秀美，风格高贵华丽，令人爽心悦目，曾一度被北宋朝廷选作宫廷用瓷，因此出类拔萃，地位卓尔不凡，为其窑系赢得了至高的荣誉。定窑瓷器在造型、布局、层次、线条（特别是阴阳线刻画技法的运用）以及图案的刻画上十分讲究，手工工艺工整精到，尤其是纹饰和装饰之秀美，堪为北宋制瓷艺术一个极具典型意义的代表。毫不夸张地说，宋定窑在装饰技法上达到了有宋一代最高水平，并产生了广泛的影响。此外，定窑的刻模与脱模技术也极为高超，在工艺上颇有改革和创新，代表着当时陶瓷制作的最高技术水平。加之其印花题材的美妙和丰富，花卉、禽兽、鱼类，乃至婴戏纹等无不惟妙惟肖，栩栩如生，故有"定州花瓷"之美誉。

定窑釉质莹润纯净，釉色白中蕴黄，呈象牙白的质感。其另一大特色是，定窑瓷器因其"覆烧"的制瓷工艺，作品口沿多不施釉，俗称"芒口"。定窑对"芒口"往往镶嵌一圈金、银或铜加以装饰，增其华贵，号称"金银扣"，即人们常说的"金装定器"，使得定瓷外观因此而雍容

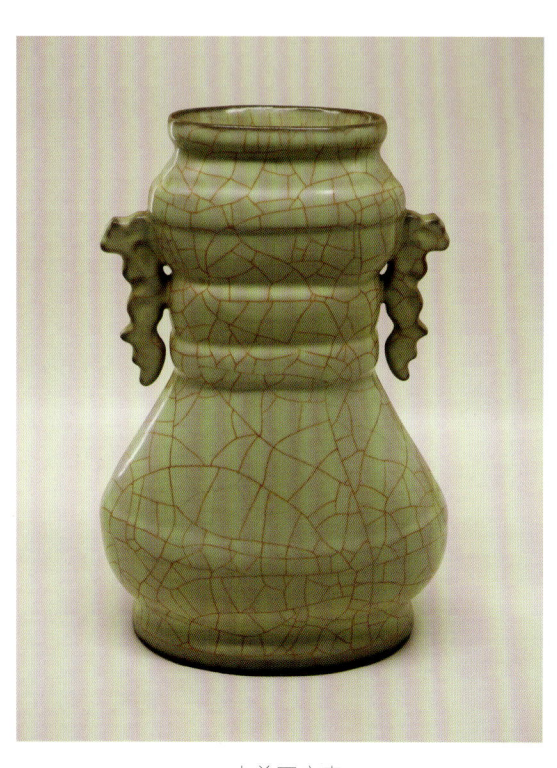

大兽耳扁壶　　　　　　　　大弦纹瓶

华贵，精美异常，堪比珍宝。这种华丽的装饰也更加突出了皇室的尊严与高贵。但随着宋徽宗朝"重神韵，轻雕饰"的一个"崇尚自然"的全新美学时代的到来，定窑瓷器有"芒"且注重装饰的美学风格难为艺术皇帝徽宗所认同，故渐趋衰落，直至最后被以崇尚自然美的北宋宫廷废弃，将御用瓷器改命汝窑烧制。这一结果，于定窑而言，不能不是一个遗憾，也实在可惜至极。不过虽命运如此，但大量的考古资料却表明，北宋宫廷弃用定窑贡御之后，其所创的覆烧工艺，因极大地提高了窑位的利用率，被国内许多窑口广泛采用。乃至现在，一些烧造日用瓷器的窑口，仍然在用当年定窑大师创造的覆烧法，泽惠着后人。当然，定窑瓷器制作和装饰精益求精的艺术追求，也对后世陶瓷有着深深的影响，是中国陶瓷美学的重要组成部分。

定窑作品的器型十分丰富，造型也极为讲究，在注重装饰的美学风格陶冶下，对作品形式和造型精美的追求，实乃不遗余力。在品种方面，从礼器（确切地说乃庄重大方的宗教礼器）到生活用具，定窑作品应有尽有，特别是生活用具，定窑作品更是花样繁多，器型有碗、盘、托盘、水注、壶、盆、三足炉和玩具及种类繁多的仿生瓷等。造型与五代时期的作品相比，器沿均具有厚唇、丰肩、平底，且底加圆饼状实足，还有一些为玉璧底。不仅如此，在传世和出土的定窑瓷器中，特别是一些精美绝伦的仿生瓷，更具魅力，且多以人物和动物造型的瓷枕为多，典雅大方，充分体现了其塑造艺术的成就，以及高超的造型技术和工艺水平，令人叹为观止，此也为定窑瓷器一大特色。

当代定瓷代表人物有"定瓷三杰"陈文增、和焕、蔺占献及庞永辉、韩庆芳等大师。无论在作品制作上还是在学术研究上，他们均取得了令人赞叹的佳绩，切实代表着当今定瓷的最高成就。

大象鼻瓶

双棱瓶

2. 汝窑

汝窑是临汝窑大窑系的一个品种，临汝窑窑系分布主要集中在原汝州所辖各县，包括临汝、郏县、鲁山、宝丰及周边相邻的地区。据专家学者考证，烧制天青釉的汝窑（汝瓷）大约成名于北宋末年，代表性窑址在今河南省汝州市及宝丰县清凉寺（宋朝时宝丰属汝州）。汝窑原为本地财主的民窑，至北宋晚期才开始奉旨取代定窑，由朝廷派官员监督，为宫廷烧造御用瓷器。汝窑是在定窑之后被朝廷正式敕命为皇宫烧制贡御瓷器的窑口，故其窑口也是一著名的"官搭民烧"或"民代官烧"的贡御性瓷窑。南宋孟元老的《东京梦华录笺注》记载："本朝以定州白瓷器有芒不堪用，遂命汝州造青窑器，故河北唐、邓、耀州悉有之，汝窑为魁"，且"近尤唯得"，是诸多烧制青瓷窑口中的佼佼者，为当时青瓷魁首。在瓷器种类上，汝窑以烧制青釉瓷器而著称，深受柴窑及南方越窑制瓷技艺和釉色的影响，并继承了北派定窑的印花、刻花技术，形成了印花、刻花青瓷的独特风格。

汝瓷胎质细腻，胎呈香灰色。相传以名贵玛瑙粉末入釉，故釉色润泽，并可随光变幻。汝瓷色泽，大多是天青、天蓝、草绿、月白、豆绿等釉色，尤以天青为贵，天蓝为上。其特点如赞美柴窑一样，世有套用柴瓷之"雨过天青云破处"的赞叹，形容其釉色清新之美，特别是淡雅的天青色，飘逸新美，实是汝瓷当时"为魁天下"的根本原因。汝瓷一般分量较轻，体型高不过尺，小巧玲珑，结合其产地名，特别是烧制汝瓷的大师工匠中，也不乏女中豪杰，故历来有称汝瓷为"女瓷"之说，当有一定道理。把玩汝瓷，拂其釉面，手感甚为平滑细腻，轻盈精巧。因其胎轻釉薄，一些烧制温度较高、玻化程度较好的瓷器，叩声如佛教法器"磬"一样悠扬。汝瓷的又一特色是器表面呈蝉翼纹或细鱼鳞状的小开片，纹片极细，颇具情趣。但由于其釉薄，少见如北宋官瓷那样上下叠起，分有数层的冰片。此外，由于烧制温度较低，汝瓷釉下还零散浮有稀疏气泡以消"贼光"。光照下气泡若隐若现，恍如银海晨星，神妙无比。古人称此特征为"寥若晨星"。源于汝瓷釉汁布有砂眼，器表常显露鱼子、蟹爪及芝麻花纹样，故有"梨皮、蟹爪、芝麻花""似玉、非玉而胜似玉"之赞。汝瓷的再一特点是，在烧制时，源于器型较小、重量较轻，因而所用支钉细小，故其虽圈足满釉烧制，但支烧痕状似芝麻，俗称"芝麻钉"。行家综其特色，将汝瓷特征概括为"青如天、面如玉、蝉翼纹、晨星稀、芝麻支钉、釉满足"，可谓一语中的。

汝窑作品为追求瓷釉面亮丽的天青色和玉质感，住火温度一般不高于 1200 ℃。这是其优点也是其缺点。因烧成温度较低，其玻化程度相应也低，虽可得到釉色清新鲜美的效果，但其胎体质地未能烧结，使得胎骨的断面大多干涩无光、气孔率高，并具有明显的吸水性，胎体无法完全致密化，使得胎体的强度不够坚挺，疏松的有些像陶器，所以手感亦轻，缺乏庄重沉稳之大气。故兴盛一时后，汝瓷遂又因自身的缺陷被朝廷(徽宗)弃用，终止了其贡御的历史。除其器型不合国仪之用外，汝瓷烧制技艺及成瓷的温度，恐怕也是一个非常重要的原因。据专家及考古学家考证，汝瓷作为贡御瓷种的时间约在北宋哲宗元祐元年(1086年)到徽宗崇宁五年(1106年)，前后算起来也不过20年，故作品不多，传世品也极少，这便尤显得稀有珍贵。宋、元以后，汝瓷天青釉基本绝烧，官府和民间鲜有仿制。至雍正年间，因清王朝对宋代青瓷情有独钟，一度出现对宋代五大名窑的仿烧，包括汝瓷天青釉。但仿烧品与汝瓷传世品尚有不小的差距。此后，汝瓷天青釉烧制技艺失传。

当代恢复汝瓷天青釉烧制技艺主要代表大师有朱文立、孟玉松、李廷怀、马聚魁、韩琴、张玉凤、王学峰、李晓涓、刘军正以及张兵等。

3. 哥窑

有关哥窑的文献记载，最早见于元人孔克齐的《静斋至正直记》。该书刊于元至正二十三年(1363年)，书中记述了发生在乙未年即元顺帝至正十五年(1355年)的一件事，书中言："乙未冬，在杭州时，市哥哥洞窑器者一香鼎，质细，虽新，其色莹润如旧造，识者犹疑之。会荆溪王德翁亦云：'近日哥哥窑绝类古官窑，不可不细辨也。……'"清代嘉庆年间编修的《七修类稿续稿》也专门提到哥窑，称哥窑与龙泉窑皆出自处州龙泉县(今浙江龙泉市)。南宋时有章生一、生二弟兄各主一窑，章生一所主者为哥窑。章生二在龙泉烧制瓷器，故以地为名称龙泉窑。两窑皆产青瓷，其釉呈色浓淡不一；其足皆铁色，亦浓淡不一。至于传闻中的"紫口"则极少见。其中哥窑作品釉面多断纹，号称"百圾碎"。此外，明代曹昭在其《格古要论》卷下《古窑器论》"哥窑"条中也提到哥窑作品色青，浓淡不一，亦有紫口铁足，呈色上乘者与董窑相似。对哥窑的实物特征进行了较为详细的描述，指其出色好者类宋代东京陈留的董(东)窑，不过未确定哥窑的产地和确切的年代。令人遗憾的是，哥窑窑址如北宋官窑(亦称"汴京官窑")一样，至今仍无法找到，学术界对烧制之地的所属争议甚多。其产地有"杭州说""龙泉说""景德镇说""北方说"等，烧造年代有"宋代说"和"元代说"等，但哥窑瓷器大量考古发掘的实物资料中并未发现与台北"故宫博物院"、北京故宫博物院及上海博物馆等所藏的"传世哥窑"相似的器物，使得哥窑窑址与年代至今在学术界未能有一确切和统一的定论。

至于孔克齐"哥哥窑绝类古官窑"之言，笔者认为，哥窑瓷器几乎就是官瓷的一个品种，或者说与官瓷有着甚深的法源关系，其釉如官瓷一

大四瑞兽耳瓶

样，属石灰碱类的亚光釉，色泽油润。釉色为粉青、青黄、炒米黄、月白、油灰等。其中油灰与炒米黄最为常见。哥瓷与官瓷有所区别的是，哥窑的胎有瓷胎、砂胎两种，胎色呈灰色或土黄色。哥窑釉面有网状开片，或重叠犹如冰裂纹，或细密如俗称的"百圾碎"；再者，哥窑釉面细碎纹路的染（做）线工艺，应该是有意避徽宗皇帝的讳，采用的做线工艺与北宋官瓷有所区别，以取得不同的艺术效果。哥瓷釉面先染黑线，因釉面受膨胀力作用，最先开裂的纹片，由于釉面的应压力较大，故开片纹路较为粗疏，而后因釉面膨胀力逐渐变小，开裂纹片越来越细，待釉面纹路完全开碎后，再染红、黄细线，使之釉面裂纹在黑线之中常常交织着细密的红、黄色线纹，纹路颜色深浅不一，变化万千而又自然贴切，整个釉面层次错落，妙趣天成，极富装饰效果，故哥瓷有"金丝铁线"的美称，以区别官瓷"纹犹鳝血"的龟背纹（片）。

哥窑的另一特色，如曹昭所言"类董（东）窑"，与徽宗官瓷似同出一源。哥瓷釉层颇厚，几乎大于或等同于胎体的厚度，非汝瓷那般精巧雅致。其成瓷温度也高于汝瓷，因此在烧制过程中，釉内多聚气泡，如珠隐现，故有"聚沫攒珠"般的美韵，动人心弦。此外，因某些哥窑瓷器的坯体中含铁量较高，乘于烈焰，胎中可溶性盐类金属在高温下凝聚于口沿和足底，使得器皿口部边缘处瓷釉下垂，隐露出胎色而呈紫褐色，是为"紫口"；底足未挂釉处呈现铁黑色，称作"铁足"，形成了与东京东窑瓷器及北宋官瓷如出一辙的"紫口铁足"之艺术特征。

馆藏传世的哥窑器物，据有关专家统计，总数大约300件。造型端庄华贵，古朴典雅，基本传承了官瓷神韵。作品器型多为瓶、炉、洗、盘、碗、罐等仿古式样，日用品类很少。这和其传承自官瓷而官瓷器类主要为迎合朝廷审美的礼器有

大弦纹贯耳壶

关。当然，由此也可见官瓷对后来青瓷的巨大影响。另外，还有专家考证元史，言元代称呼官员的俗语为"哥哥"，亦即在官场上称"哥哥"就是称"官"的意思，这便有了哥窑即元代官窑之说。笔者认为，综合哥瓷的总体特征，哥瓷的元代说，的确也颇有可信的道理。

当代烧制哥瓷作品的代表人物有徐朝兴、毛正聪、张绍斌、夏侯文、毛伟杰、叶小春等大师。

4. 钧窑

钧窑是宋代著名窑口之一，在今河南禹州市一带，宋代称钧州，故名钧窑。钧瓷以釉色五彩、光艳照人而享誉天下。钧窑至北宋年间，窑变技艺已蔚然大成，在稳定烧成铜红釉的同时，还可衍生烧出玫瑰紫、海棠红、茄皮紫等多种窑变釉色。这在中国陶瓷史上，一举改变了单一釉色的狭隘局面。在形成红紫相映的艺术风格的同时，也极大地丰富了中国陶瓷的制作艺术，且由此赢得了北宋皇室的垂青和眷顾，一跃成为北宋皇室

御用瓷器的烧造者。钧瓷的釉色主要有天青、天蓝、豆青、月白、碧蓝、米黄和紫红、丁香紫、火焰红等色，胎色以芝麻酱底最为难得。钧窑的另一特点是，贡御钧瓷多遵循徽宗的美学风格，简单洗练。器表的开片源于两次烧制，其中一些作品，由于施釉较厚，入窑时釉层已微有干裂，经高温烧制后裂纹弥合，这样釉面便形成如蚯蚓走泥纹的痕迹，故世传有"有蚯蚓走泥纹者尤好"的鉴赏箴言来确认钧瓷的品位。

在造型方面，钧瓷追求端庄规整，器型主要有花盆和渣斗（史料记载二者为贡御器皿）、盘、炉、尊、洗、罐、钵、碗等，作品少雕饰，古朴典雅，大气横生。钧瓷之胎，因其烧制温度较高，尤为细腻坚硬，所以难在器表做雕刻或绘画装饰，其成就全赖自然天成。在烧制方面，钧瓷的烧制技艺古时即为二次烧成。第一次为素烧，亦即烧坯，火温一般在1000℃左右，然后施加釉彩，再进行第二次烧成。因为钧窑传统烧成工艺是以氧化铜作为着色剂，在还原气氛下，钧窑瓷器由于所处窑位不同，受火不均，色彩变化亦多端，故世言钧瓷有"入窑一色，出窑万彩""钧瓷无对，窑变无双"的神奇变化之说，其色彩不为人工所控，当然神秘，变幻莫测。

钧瓷的烧成温度在1260～1300℃，较汝瓷、官瓷温度都高。钧瓷胎骨断面坚实致密，吸水率较低，多达到瓷化程度，其自然窑变出的釉色青中带红，灿如晚霞，且窑变五彩缤纷的釉色能形成一些釉画孤品，可谓极尽其变化。自古以来，烧制钧瓷的窑口很多，工艺传承连绵不绝，尤其是禹州神垕一带，宋时就有"窑烟遍地起，到处放光辉"的烧窑景象，至今窑口遍布禹州，且大师辈出，人才济济。今世传承前贤、吐纳百代，真正将钧瓷发扬光大者，除却一代钧瓷巨匠卢广东、苗军、刘富安、晋佩章等，卢正兴、孔相卿、任星航、晋晓瞳、文国政、苗锡锦、苗长强、杨志、杨晓峰、杨国政、许海军、丁建中、尹建中、冀德强、张金伟、张自军、刘建军、刘志钧、崔国营、刘瓷辉、苗军喜、苗宗贤、卢俊岭、王金合、李欣营、李占伟、刘红生、王秋红、张占领、杨发、贺文奇、李朝斐等一大批各负绝技、享誉瓷坛的钧瓷大师，对钧瓷工艺的传承、开拓、创新和发展起到了极为积极的作用，使古钧瓷之光在当世大放异彩，开创了古钧瓷的新时代，影响极为广泛。时至今日，钧瓷之光遍照寰宇。如此群星灿烂的辉煌光芒之中，禹州钧瓷实可称得上是继往开来，无论是作品之众，还是大师之多，乃至影响之广，在当下高古陶瓷五大名窑中实乃首屈一指。

5. 官窑

宋代五大名窑，本节难以细论，止于陶瓷技艺和成就震古烁今的禹州钧瓷可矣！因为五大名窑中的官窑是为论者的主题，自当别开彩页，详尽说明。这里先借《辞海》"官窑"一检，做一

渣斗

简略概述："指两宋官窑。相传北宋大观、政和年间，宫廷自置瓷窑烧造瓷器。南宋时置窑于修内司，在今杭州凤凰山，沿袭旧制仿烧，亦称'修内司官窑'。这两处窑址迄今皆未发现。后又于郊坛别立新窑，在今杭州乌龟山，亦称'郊坛下官窑'，窑址范围甚大，1956年作了部分发掘。郊坛下官窑烧造的青瓷，胎薄，呈灰、褐、黑三色；施釉厚，以粉青色釉为最佳，晶莹润泽，犹如美玉；釉面多有开片；器口及底部露胎处，呈灰或铁色，称为'紫口铁足'。造型亦极优美，是南宋瓷器中的优秀作品。"该词条简略陈述了两宋官窑的大致情况，对其艺术特色概括得较为精练和到位。至于官窑具体是怎样创制又妙在何处，以及其历史地位如何，制作工艺、烧制技艺及作品又具有怎样的艺术特色和特点，其后章节将分别述之。

第三章

北宋官瓷的创制、消亡及其传承、影响

南宋文人叶寘在其《坦斋笔衡》中言："本朝以定州白瓷器有芒不堪用，遂命汝州造青窑器，故河北唐、邓、耀州悉有之，汝窑为魁。江南则处州龙泉县窑，质颇粗厚。政和间，京师自置烧造，名曰官窑⋯⋯"

第一节　北宋官瓷的创制

南宋文人叶寘在其《坦斋笔衡》中言："本朝以定州白瓷器有芒不堪用,遂命汝州造青窑器,故河北唐、邓、耀州悉有之,汝窑为魁。江南则处州龙泉县窑,质颇粗厚。政和间,京师自置烧造,名曰官窑。中兴渡江,有邵成章提举后苑,号邵局,袭徽宗遗制,置窑于修内司造青器,名内窑,澄泥为范,极其精致,油色莹澈,为世所珍。后郊下别立新窑,亦曰官窑,比旧窑大不侔矣。余如乌泥窑、余姚窑、续窑,皆非官窑。"文中不仅明确记述了在汝窑之后,两宋官窑从"政和间,京师自置烧造",到南宋"中兴渡江"在新设都城临安"袭徽宗遗制,置窑于修内司",再到后来于乌龟山八卦田"郊下别立新窑""三段式"的史实,以及官窑作品相较于南方乌泥窑等

大一统尊　　　　　　　　　　大印花贯耳瓶

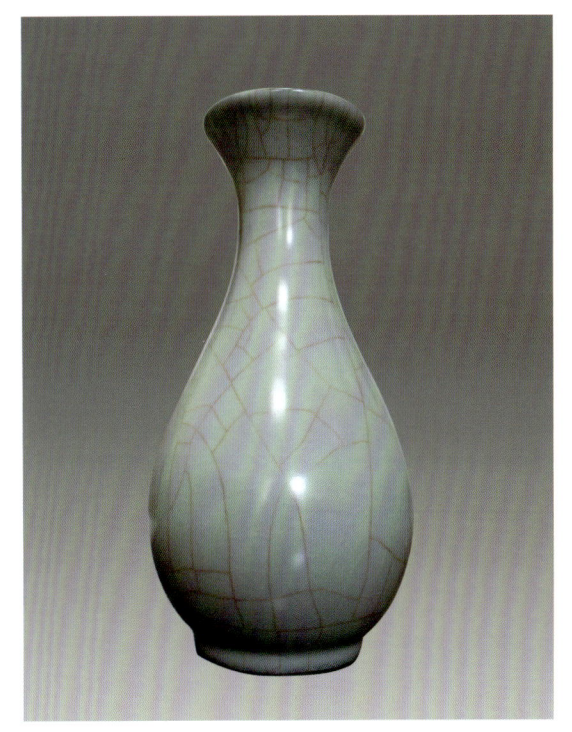

大玉壶春瓶

诸窑的艺术品位，更直接道出在徽宗未设官窑之前，北方诸窑，"汝窑为魁"，并取代定窑而成当时贡御瓷器，代表着当时中国青瓷的最高艺术成就。这一评价对我们后人来说，当不乏玄机，既然"汝窑为魁"，艺术品质引领天下，况且还是哲宗敕命汝州烧造，徽宗当年为何还偏要"弃汝兴官"自置窑烧造官瓷呢？乃至使汝窑被废后基本绝迹失传，无人再烧，不像钧窑那样，历金、元、明、清，慕烧者绵延不绝，传承不息。对于这一奇怪现象，笔者认为，搞清楚徽宗何以"弃汝"，何以在"京师"设置官窑的根本原因，才能真正了解北宋官瓷的创制、历史地位及其艺术特色和艺术品位。

关于北宋（汴京）官瓷的创烧，虽然由于其窑口是由朝廷自己设置，专烧宫廷用瓷，当时的生产工艺和制造技术因其制瓷的环境，以及为当时宋王朝家天下的管理体制所限制，一般人难以接触，在当时史志类书籍中也少见记述，或语焉不详，致使诸多史籍对其鲜有详细的记载或根本就不知如何记载，因此历史上也从没有一部研究和专门记述北宋官瓷创制方面的历史专著，这给后人对徽宗北宋官瓷的研究留下了许多谜团。但北宋官瓷是宋徽宗引入汝瓷窑系的制作精华，以及把当时东京陈留东窑独具特色的东（冬）青瓷釉和其"紫口铁足"的制瓷工艺用于官瓷的烧制，创制的中国独具特色的青瓷典范之作的这一基本事实，却不是什么秘密，深具影响当然也广为人知，直至清末还有窑口仿烧宋官窑瓷器。从汝瓷和东窑的东（冬）青瓷到北宋官瓷的官瓷，由地方贡御到自己烧制，从某种意义上来说，一方面是历史发展和国家礼仪需求的结果；另一方面，也是徽宗个人艺术天赋发挥的结果。可以说北宋官瓷这颗璀璨的明珠，其所散射的永恒的艺术之光，是和徽宗艺术生命紧密相连的。

我国现代著名学者陈万里等考证，汝窑贡烧于哲宗元祐元年至徽宗崇宁五年，历时约20年，随后因被弃而基本绝烧，这也是汝瓷存世不多的重要原因。值得注意的是，汝窑贡瓷裹足支烧工艺，使得烧制的器物受力点少，在高温下胎骨易拆裂变形。其自身的工艺缺陷，注定其难以烧制出厚重庄严的大器，只适合烧些精美的小器皿和大量的日用品。这一点汝瓷日用器居多的传世品可为印证。加之汝瓷中相对单调的器型和"素面朝天"、缺少变化的釉色，这便难以满足对陶瓷艺术有着更高追求也更为自负的徽宗的要求。况且汝窑的窑址远离汴京，按照徽宗的艺术标准去贡烧当然难以近乎其善，徽宗终究无法紧盯窑口亲临烧制现场。更为重要的是，随着当时物质文化的高度发展，社会文明进步，为契合天地自然之性，彰显国家的文化品位和文化实力，将陶瓷器皿纳入国家礼器以追求完美的礼仪，也是当时的时尚和潮流。故而改造汝瓷的烧制工艺，引入汝瓷的制作精华，克服汝瓷烧制工艺的缺陷，创烧出一种经典的陶瓷作品，且使之符合国家对礼器的要求和需求，从而将其纳入国家礼器范畴，这便是徽宗废掉难以烧制国仪之器的汝瓷而于"京师"自立官窑的根本原因。徽宗崇宁五年（1106年）停止汝窑贡御后，于次年亦即徽宗大观元年（1107年）创烧官瓷，绝非时间上的巧合，而是徽宗（朝廷）刻意的追求，是为家天下的徽宗顺理成章的一项事业，也为当时朝臣们所广泛认可和赞同。

可以考证的是，北宋官瓷的缘起，从星散于各种史籍的记述中我们能直接推出这种端倪。华夏向为礼仪之邦，对礼乐的重视和推崇，是为民族的一种文化传统。《左传·成公十三年》就言："国之大事，在祀与戎。"可以说，在中国漫长的封建历史上，自古以来，诸朝代的封建国君，出于统治的考虑，无不把祭祀和军事当成国家头等大事，以显示其"受命于天"的合法性和不可侵犯的权威，徽宗当然也不例外。虽然汝瓷当时正值日行中天，为魁天下，但受自身工艺的

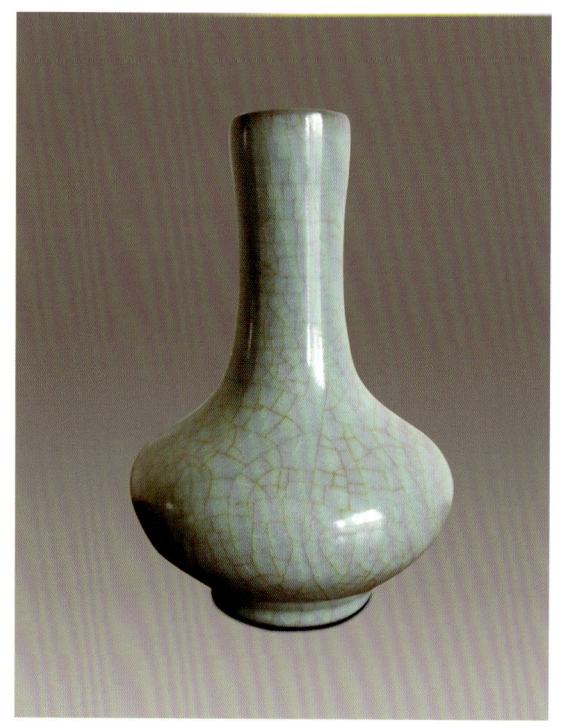

胆瓶

局限，实难达到国家礼器的高度，徽宗决定弃汝瓷而自置窑口烧造官窑瓷器，究其原因，实如前文所述，首先与朝廷制作礼器用于国家礼仪祭祀有着直接的关系。其实不仅是徽宗，包括当时的大臣，也认为多烧日用品的汝瓷，器型精小，釉质寡薄，不合礼器法度。特别是受支钉支烧的工艺局限，较大的器皿无法烧制，因而缺失厚重之气，难合国仪之用，实应创烧出一种更华贵端庄的瓷器来取代汝瓷。所以徽宗才颇为决绝地制定出中国陶瓷史上"弃汝兴官"的历史性决策，这方面也实不乏文献史料为之印证。《宋会要辑稿》礼一二之二言："凡营居室，必先建宗庙；凡造养器，必先修祭器。庶羞不踰于牲牷，燕衣不踰于祭服。"其直截了当地指出，在封建社会，宗庙礼仪和祭祀是为家室及国家的先决事物和庄严事物，是国家尊严的象征，比日常食器及衣冠华服更重要，应予以充分的重视和维护，故而完备和完善各种制度和秩序，尤其是礼乐制度，实为

当时树立国家形象不可缺少的重要标志。这种理念在今天依然有迹可循，一如世界各国都须拥有自己的国旗国歌，来象征和表达自己国家的尊严一样。故北宋官窑的创立，自然首先源自追求祭祀、国仪等庄严的因缘，这也应该是毫无异议的。据史料所载，宋代使用陶瓷作为礼器的时间大致应在北宋中后期，其实在徽宗朝之前已开始使用。《永乐大典》卷五四引用的《郊庙奉祀礼文》中便有记载，记述了北宋仁宗庆历七年（1047年）新造的用于祭天的祭器中，为顺应、契合天地自然之性，追求礼器质地，就有匏爵、瓦登、瓦罍等陶瓷礼器。神宗元丰六年（1083年），朝中的大臣并一干文士，考证了古代的祭祀活动，亦曾上言讨论礼器的材质及使用制度，致使神宗再次下诏将部分礼器改用陶瓷制作，以契合和随顺"天地自然之性"，并"追用古制"，以祈达到或符合"古者祭天"对礼器的要求。对此，元代马端临的《文献通考》有专门记载，"郊之祭也，器用陶匏，以象天地之性。樿用白木，以素为质，今郊祀簠、簋、樽、豆皆非陶，又用龙杓，未合礼意。请圜丘、方泽正配位所设簠、簋、樽、豆，改用陶器，仍以樿为杓。"明确提出"器用陶匏，以象天地之性"且应"以素为质"的古制和古礼，否则就不合法度，由此也确立了陶瓷礼器在国家祭祀等重要礼仪活动中的地位。徽宗继位后，这个深谙书画艺术、收藏鉴定的风流才子型帝王，在身边诸如蔡京、童贯、高俅等一帮奸佞之徒的阿谀奉承下，逍遥自在地生活在花天酒地的日子里，自认为其文治武功非同一般，所以才造就了人华物丰的太平盛世。基于这种四海承平的自豪感，徽宗确实觉得"功定治成，礼可以兴"（《宋史》），故决定倾举国之力兴修五礼、考订礼器形制，并由朝廷亲自制造用于祭祀的礼器。其实，此前朝廷已有明确掌控和制造瓷器的作坊，《宋会要辑稿》载："东西八作司，旧分两使，止一司。

方琮

太平兴国二年分两司……天圣元年始分置官局，东司在安仁坊，西司在安定坊，勾当官各三人，以各司副使及内侍充。其八作曰泥作、赤白作、桐油作、石作、瓦作、竹作、砖作、井作。又有广备指挥主城之事，总二十一作，曰大木作、锯匠作……青窑作、窟子作，二坊领杂役广备四指挥，工匠三指挥。"其中青窑作当是主管青瓷烧造的中央属官机构，且由来已久。但青窑作似乎与主管东西窑务的修内司性质大抵相同，当时可能因无自己直接烧造礼器的窑口，或许只是朝廷对陶瓷业的一个订货和监管机构，还不是自行烧制陶瓷礼器的作坊。故徽宗为确保其计划的完美实施，再开亲自制瓷的先河，遂于大观元年（1107年）专门设置议礼局，作为新修五礼、考订礼器形制的国家最高领导和执行机构，开展陶瓷礼器的生产制作工作。《宋史》卷一六一《志》载："议礼局：大观元年，诏于尚书省置，以执政兼领；……应凡礼制本末，皆议定取旨。"将一切礼制方面的事物，通通纳入议礼局的业务范畴内，令其"议定取旨"，精严法度。大观二年（1108年）十一月，徽宗又下诏访求古礼器，并敕命编纂《宣和博古图》以服务于朝廷制造礼器之用。该书的编纂遂成为徽宗制作其"新成礼器"的蓝本（"新成礼器"又称"渐成礼器"，《中兴礼书》卷五九《明堂祭器》也有政和三年及稍后制作的仿古礼器，时称"渐成礼器"），因"器用陶匏"，新成礼器中含有"陶器"乃毫无疑问的事情，故北宋官瓷的造型多为礼器，其原因也就不难解释了，实乃源出《宣和博古图》，是徽宗关于礼器制作理念及要求的体现，当然也是徽宗当时引入"为魁天下"的汝瓷及东窑的制作精华，追求复古的结果。清代文人黄以周等辑注的《续资治通鉴长编拾补》卷三十二《七月己亥诏》可为之印证，其道："（政和三年）七月己亥诏：……比哀集三代鼎、彝、簠、簋、盘、匜、爵、豆之

方口双体龙纹贯耳壶

类凡五百余器，载立于图（即《宣和博古图》），考其制而尚其象，与今荐天地、飨宗庙之器无一有合，去古既远，礼失其传矣。祭以类而求之，其失若此，其能有格乎！诏有司悉从改造，……可于编类御笔所置礼制局，讨论古今沿革，具画来上。朕将亲览，参酌其宜，蔽自朕志，断之必行，革千古之陋，以成一代之典，庶几先王，垂法后世。"明确记述了徽宗诏修《宣和博古图》的用意，他认为"今荐天地、飨宗庙之器无一有合，去古既远，礼失其传矣"，应"悉从改造"，全部予以重新考订，并要"亲览，参酌其宜"，决定取舍。虽然汝瓷代表着当时中国青瓷的最高成就（"汝瓷为魁"），但因其"礼失其传矣"，当然在"悉从改造"之列。南宋学者蔡絛在其《铁围山丛谈》卷四中，对编纂《宣和博古图》一事也有记述："及大观初，乃仿公麟之《考古》作《宣和博古图》，凡所藏者，为大小礼器，则已五百有几"，言该书效仿李公麟的考古著作《考

古》，收录古大小礼器样式500余种。不独如此，乾隆帝在其为北宋官瓷作品刻铭诗中也咏道"铜之寿者三代遗，宣和博古曾辨之"，言及《宣和博古图》对三代古铜器进行过用心的收录甄辨。尤值得一提的是，如前文所述，徽宗在决定对礼器制作工艺进行改造时，其决心也颇为决绝，不独要"断之必行"，还要"革千古之陋，以成一代之典"，以"垂法后世"，泽益后人。而在这个颇为宏伟目标的指引下，徽宗超越当时包括汝瓷在内的贡御瓷器，在"京师自置窑烧造"官瓷，追求法度，实乃是其"断之必行"的结果了。

其实，不独是徽宗帝，随着社会的发展、生活的富庶，当时朝臣对秩序、典雅、体面而又尊严的礼仪活动或者说生活方式更是心向往之，故唱和徽宗追求礼器法度和意义的文臣武将大有人在，更何况这个美好事业还是帝王徽宗亲自倡导的，怎能不尽力维护？故《宋会要辑稿》记载，朝臣经过考证，共同请以陶（瓷）入礼器之列，认为徽宗建窑实乃祭祀所需，合乎古礼，且言辞恳切。徽宗对这等关乎国礼的细致进言，毫无疑问，当然"从之"，并诏敕天下付诸实践。

至于徽宗"京师"置窑创烧官瓷的事业发展，《宋史》卷一六一《志》道："政和三年，五礼仪注成，罢局。"其记载了徽宗关于稽考古礼器形制用于服务制作"新成礼器"的事业在完成其使命后，遂罢局结束考订工作，开始进入指导和礼器制作的实践，故在罢议礼局的同时，随又设置礼制局，且在礼制局下设有具体的专业制作机构——礼制局制造所。这一机构的变化，标志着礼器的改造已由初级稽考和试验阶段转入规范的生产制作阶段。《宋会要辑稿》所载《政和三年十月十四日手诏》对此亦有记载，从此诏不难看出，徽宗为造新器，"览观三代"，就是为了追求所造之器"无愧于古"，且经过自己的实践，时已"焕然大备"，"可载之祀仪"，为国仪之用。为此，清代学者黄以周等辑注的《续资治通鉴长编拾补》卷三十三也道："（政和四年四月）甲戌，礼制局制造所乞进呈所制造冬祀礼器。御笔令书艺局进呈。"这段文字，在记述了由议礼局到礼制局制造所生产礼器变化状况的同时，也说明徽宗在"京师"设置的礼制局制造所，至迟在政和四年，已按照要求，为朝廷进呈其制造的冬祀礼器了。此外，《宋会要辑稿》还专门载有关于制造所大致的生产功能和使用者的地位，言政和六年朝廷赐太师蔡京等臣僚的家庙所用祭器，即由礼制局制造所制作。能赏赐给臣僚做家用礼器，当可推知此时礼制局制造所应该颇具生产规模，"无愧于古"的国仪礼器自然已"焕然大备"，用之有余。而作为礼器之一的陶瓷器皿，当然属制造所的一项事业，故奉徽宗之命，置窑为朝廷烧制祭祀礼器，尤其在徽宗如此"断之必行"的决心下，当是创制北宋官瓷真正意义上的原因。当然，朝臣们对这项事业也不乏赞歌，《宋

粉青玉壶春

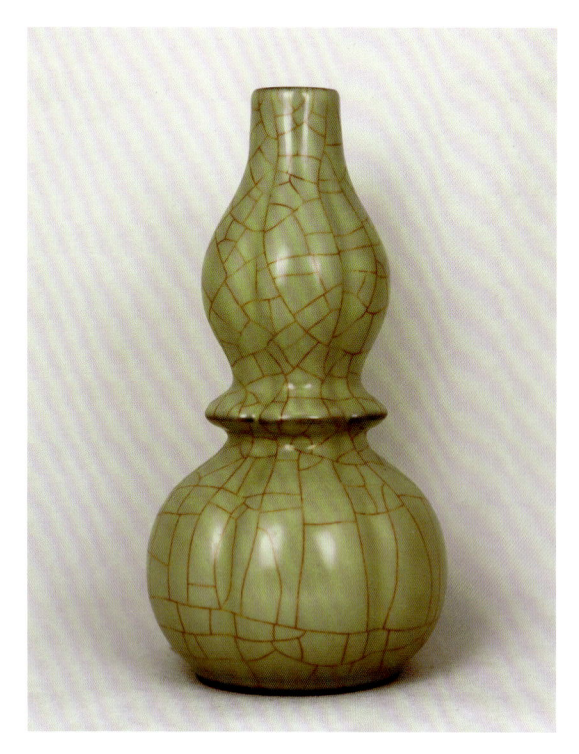

福寿葫芦瓶

朝事实》载："……钦修时祀之专，若昔大猷，尽正相沿之陋。……大报于郊。对越昊穹，佑我烈祖。陶匏象性，牺牷贵诚。奠苍璧以礼神，秉玄圭而拜贶。器协商周之制，乐兼韶濩之纯"，言徽宗敕修的礼器，"器协商周之制，乐兼韶濩之纯"，堪比商周古神器，且"陶匏象性"，更合乎天地之性，必能"佑我烈祖"，赞美之词，溢于言表。

总之，徽宗在"京师"置窑烧制礼器，事件脉络清晰，记述翔实，更重要的是，也可为传世的北宋官窑多为礼器的作品所印证，故而北宋官窑的设置，这一垂范千古的事业，源自宋徽宗，缘起于对国仪礼器法度的追求，其实践和主理先后由朝廷的议礼局及礼制局制造所掌控，地点就在当时的东京，全部资产归朝廷所有，非之前极富贡御色彩的"官搭民烧"或"民代官烧"，这是毫无疑问的，其作品与汝瓷当然有巨大的区别，是一种超越汝瓷的极富宗教意义的新瓷种。此外，1998年由冯先铭先生等编纂的《中国古陶瓷图典》，在窑口"汴京官窑"条目中也言：官窑为宋代五大名窑之一，有南北之分，北宋后期所设官窑在汴京，即今河南开封。

综上所述，依据《宋史》《宋会要辑稿》等诸多历史文献的记载，宋徽宗大观元年（1107年），这个平常而又特殊的帝王纪年，对中国陶瓷史而言，当是一个极具意义的年代，徽宗设置在东京的议礼局，以及专门为宫廷烧制瓷器的窑口"汴京官窑"，在徽宗帝的钦命和主持下，第一次以"官瓷"之名在中国陶瓷史上出现，北宋官瓷之名，从此如一颗耀眼的明星，极富魅力地升起在中国的陶瓷星空，照耀着中华民族的陶瓷之林，这实是前所未有的瓷业盛事。毫不夸张地说，朝廷自置官窑烧造瓷器，不仅彻底改变了以往由各窑口烧制贡御瓷器乃至包括朝廷在民窑口搭烧（监烧）自己所需瓷器的历史，也为中国官府手工业开创了一个崭新的陶瓷官窑制度。而随顺这一划时代的国器制造窑口的诞生，一代名瓷也倏然问世，并以其至高至精的艺术创造绝响天下。

第二节 北宋之殇与北宋官瓷的消亡之谜

1125年年初，与北宋签订盟约联手攻辽的金太宗，在北宋军队的配合下，一举灭辽，之后金撕毁与北宋的盟约，举兵南犯。

宋徽宗这个奢华好物的艺术玩主，根本没能预料到金人会起兵攻宋，一时手足无措，对于金统治者既恨又怕。徽宗慌乱中只能把帝位传给太子赵桓，即宋钦宗。但大宋王朝腐朽虚弱，外强中干，终致"靖康之难"。

从《靖康稗史笺证》中宋朝的"投降协议清单"上也可看到，金兵不仅索要金钱美女，还专门向北宋索要"各色工艺三千人"，这三千"工艺"人中，自然不乏陶瓷业的大师和工匠们，而这些大师和工匠，当时也只可能出自开封。从当时的实际情况来看，就是徽宗、钦宗想从汝州、禹州或其他地方调来一些制瓷工匠，恐怕因其败亡，也没有这个能力和权力了。唯一的结果，就是这三千"工艺"之人包括制瓷大师和工匠，只能由未来得及逃走就因金兵陷城而被困在东京城的手艺人组成，这也旁证了北宋官窑在东京的客观情况。从另一角度看，仅就北宋陶瓷业而言，进献金朝的工匠不独徽宗亲自创立的北宋官窑，以及为窑口制瓷的那些出类拔萃的陶瓷巨匠，还应包括北宋当时陶瓷重要产地的东窑窑群及其工匠们，因为其窑群的颠覆与北宋官窑终结的历史一致，这个在中国陶瓷史上始于五代末期，号称七十一窑八十二井的东窑窑群，也是在金兵灭宋之后，谜一样地与汴京官窑一道消亡，关于其窑址的考古至今无果，不知所终。

开封北宋官窑的窑址至今未能发现，除了其特殊的历史原因或人为破坏，更严重的或许还是自然灾害的摧残了。据《开封地方志》等大量的史料记载，位于黄河之滨的开封，自金大定二十年（1180年）到1944年的700多年间，滔滔黄河不仅决溢达338次之多，还数次改道，致使开封城4次遭灭顶之灾，十数次遭受严重水患，至终形成了今日开封城摞城的独特奇观（宋、明两朝都会与今天的开封城次第叠摞），北宋都城的繁华富庶尽被深埋于地下，达六七米之深。这种状况，对北宋官窑的考古工作而言，无疑是"老虎吃天，无从下嘴"。纵是北宋亡国后其官窑未遭人为的破坏，要想找到它，还必须跨过明代城池的遗址去发掘，这岂是一件容易的事？想找到烧制精致青瓷的北宋官窑的窑址，谈何容易！基于这样的客观困难，北宋官窑窑址的考古工作从未立项和开始过，故窑址至今仍是一个难解之谜。让考古工作者及北宋官瓷的研究者为之付出的汩汩心血能早日开花结果，哪怕只找到窑址一角，也足以让人心满意足了。

第三节 北宋官瓷的传承和影响

据文献记载及专家考证推论，徽宗北宋官窑自大观元年（1107年）左右在东京设置，至靖康之难东京沦陷，窑口存世的烧造时间，算起来前后也不过短短的10余年，其创造历史的夺目光华以及光耀中天的岁月，实可谓灿如烟花和流星，随着北宋的灭亡而迅捷地消失在历史的长河之中。徽宗亲设、内府制样、大匠考工、兵士供役的北宋官窑，虽独得天赋，贵为皇室窑口，经济基础和政治基础都非常雄厚、扎实，但缔造它的帝国，尚且被一举摧毁，又遑论一个小小的窑口？不过，尽管徽宗的北宋官窑这个曾经光耀天下的美好事物，为残酷的战争所终结，致使北宋官瓷的烧造年华因此屈指可数，但以"温润如玉、紫口铁足及纹犹鳝血"的艺术风韵达至中国青瓷瓷釉烧制巅峰的北宋官瓷，在中国陶瓷史上，凭借自身天才的禀赋和创造，以及惊世的艺术品位和高度，从其创制便傲然卓立于有宋一代制瓷盛业的潮头，拥有着极其重要的发轫意义和毋庸置疑的历史地位。北宋官窑不仅是中国历史上第一座帝王亲设的窑口，开一代先河，为中国留下了一个典范的陶瓷官窑制度，成为后世官窑制度的滥觞，而且其在全面提升和发展中国青瓷烧制技术、制作工艺及审美品位等方面，举国之力的北宋官窑更有着独具魅力的艺术创造和贡献，所取得的艺术成就，对后世中国陶瓷特别是南宋官瓷包括龙泉青瓷等窑口和窑系，都产生了直接和深远的影响。在这个意义上，称徽宗北宋官瓷为中国青瓷历史上一座至尊的巅峰，一点都不为过。

南宋文人叶寘在其《坦斋笔衡》中，记载了渡江南逃的宋高宗，在临安建立了南宋政权后，考虑到王朝仓皇南迁缺金少银且礼器尽失的实际情况，为烧制礼器服务于国家的祭典礼仪，遂依照徽宗创建北宋官窑的遗制，重续法脉，诏修内司设置窑口，依北宋官瓷的制瓷制度和工艺，烧制青瓷，用于社稷的祭典活动。南宋文人顾文荐在记述这一事件时，在其《负暄杂录》中，更明确地指出修内司窑口是袭徽宗遗制，亦即是依照徽宗当年亲设的北宋官窑形制和工艺来烧制瓷器的，是对徽宗所设官窑的直接继承。后由于国势渐趋稳定的南宋王朝对瓷器的需求量增大，修内司一座窑口已不能满足王朝的需要，故又依制在郊坛下别立新窑，大量烧制以徽宗北宋官窑作品为蓝本的南宋官瓷，最终形成了"政和间，京师自置烧造"的北宋官窑、中兴渡江"袭徽宗遗制，置窑于修内司"的修内司官窑以及后来"郊坛下别立新窑"的郊坛下官窑薪火相传的成果，使得两宋官窑法脉相续的这一"三段式"实践和发展模式终告完成，并成为中国陶瓷史上一座光彩夺目的里程碑。

值得说明的是，南宋修内司和郊坛下两座直接隶属朝廷的官窑的设置，之所以完全依照徽宗遗制，全面传承北宋官窑的制瓷制度、烧制工艺和艺术趋向及风格，实因南宋王朝在国家祭祀礼仪等方面，要依惯例施祖宗之法，以北宋为典范，其对礼器形制当然要有严格的要求，因而在礼器的烧制上，传承北宋官瓷，乃是最直接和最方便的法门，也可以说是其根本的原因。金灭北宋，高宗中兴渡江至绍兴十三年这一阶段，在南宋还是一个偏安的小王朝时，因战火不断，朝廷忙于应敌和自保，国家的祭祀活动一是较少，二是规模也较简单易行，对祭典的礼器不可能有太高的要求。故在南宋王朝建立的初期阶段，朝廷无暇顾及太多非战争和防御之外的事物，祭典的礼器多敕命地方民窑代为烧制，或称"官搭民烧"，以应朝廷之需。据史料所载，当时受命烧制贡御瓷器的窑口，主要是余姚、丽水、平江等地民窑，产品经御拣后作为贡品供朝廷使用。但是，正因为当时使用的礼器是民窑烧制的作品，其形制自然难以达到合乎礼器典范的标准，因此受到一些官员包括高宗的批评，并对礼器的烧制提出了许多的意见，加快了"袭徽宗遗制"创建南宋国有官窑的步伐。《宋会要辑稿》《古今图书集成》《中兴礼书》等史籍，在这方面多有记述，如清代陈梦雷编辑的《古今图书集成》载，南宋高宗绍兴四年（1134年）的明堂祭典过后，参与祭典的国子监丞王普批评祭祀不合礼仪，尤其在礼器形制上，太过于率意而为，未依照古制制作，不合礼仪要求。王普认为徽宗帝政和年间北宋官窑的"新成礼器"是有典的，"有自名古器为依据"，而"昨来明堂所用，乃有司率意，略仿（聂）崇义《三礼图》，其制非是，宜并从古制度为定……"，他认为地方应时制作的器皿"其制非是"，是"率意"所为，不合礼制，应以徽宗的政和"新成礼器"为典范。《宋会要辑稿》也记载，为官南宋的奸臣秦桧，对明堂祭典的礼器也有看法，其认为，礼器的考古制度极为精致，要求礼器的制作应精致仿古，合乎礼制。至于南宋王朝的高宗，作为徽宗的儿子，从小就参与皇室的祭典活动，耳濡目染，对北宋王朝祭祀所用的礼器可谓了然于心，对北宋官瓷作品当然更有犹新的记忆，《皇宋中兴两朝圣政》记述高宗对祭典礼器的看法道："朕尝考三代礼器皆有义，后世非特制作不精，且失其意。朕虽艰难，亦欲改作，渐令复古。"其言并不是当时地方窑口制作的作品工艺不精到，关键是不合法度，"且失其意"，并简单明了地道出自己对失却古意的礼器整改、规范的意愿和决心，纵然时局艰难，财政窘困，高宗也要"渐令复古"，使其合乎三代礼器的形制和所象征的意义。

绍兴十三年（1143年），经历多年的杀伐，金统治者终于答应了与南宋王朝缔结和约，南宋政局因此渐趋稳定。偏安的日子刚一过上，宋高宗便将久藏于心的礼器复古之事提到议事日程，决定袭徽宗遗制，也如其父徽宗当年一样，斥国资自置窑烧造礼器，并于次年下诏专门成立礼器局，诏令修内司修建官窑开始南宋制瓷大业。《中兴礼书》卷九《郊祀祭器一》记载了这一事件，言高宗特意命宰执招纳贤才，寻访通晓礼器规矩及制作技艺的能工巧匠，来主持南宋王朝礼器的制作以及官窑的烧制业务，以期作品合乎其父徽宗的"新成礼器"。其实这里记述得非常明白，高宗所谓"访求通晓礼器之人"，也就是要寻找避金之乱、渡江南逃，星散于民间的当年北宋官窑的技师和工匠，否则何以"袭徽宗遗制"呢？《咸淳临安志》中对高宗关于从派员至民窑督造礼器到"袭徽宗遗制"建官窑烧造礼器的具体过程也做了记载，绍兴四年（1134年），令绍兴府余姚县（今浙江余姚市）烧造；绍兴十三年（1143年），令平江府烧造；绍兴十四年（1144年），成立礼器局；绍兴十五年（1145年），由段拂、王铚二人讨论器样后，交同王晋锡所领修内司制造。从余姚县到平江府再到礼器局的设置，也反映了南宋王朝礼器制作由地方"率意"到内府规范的历史。与之呼应的还有《宋元学案补遗》一书，其道："祭器并依聂崇义之礼图样式，某见政和中议礼局（按：实为礼制局）铸造祭器。皆考三代器物遗法。制度精密。气象淳古。足见一时文物之盛。可以为后世法。绍兴十五年（1145年）。曾有旨以其样制开说印造。颁付州县遵用。"其中记述了徽宗政和年间所造礼器，"皆考三代器物遗法。制度精密。气象淳古"。且经典可范，"足见一时文物之盛。可以为后世法"。故高宗下旨，敕命"依其样制"制作礼器。此外，《宋会要辑稿》礼一二之八引《中兴礼书》也言："十月二十七日，礼部、太常寺言……所有祭器制度，唐虽有品官时飨其庙，祭器之数即不载制度，以

鬲式炉

海棠花觚

何为饰？照得聂崇义《三礼图》所载礼器，笾、豆、簠、簋、㭝、杓、尊、俎、爵、坫、篚、洗，并以竹木为之，唯铏以铜。至政和六年，礼制局参考古制，易木以铜。至绍兴十六年（1146年），礼器局官段拂等陈请乞凝土范金，厘正郊庙祭器之数，次及臣僚家庙给赐，并依政和六年（1116年）已行旧制。"礼部、太常寺更是进言将"依政和六年已行旧制"作为朝廷制作礼器的标准，"凝土范金"，烧制陶瓷礼器。这一举措，清代学者高江村在其《酬苍林宋均窑瓶歌》一诗中也道，"渡江邵局袭故京，澄泥范土何轻明"，歌咏了两宋官瓷的法源关系。关于修内司官窑不负高宗所望，终于完美地传承了北宋官瓷的制作工艺和造型艺术，烧制出合乎政和"新成礼器"的作品，且"油（釉）色莹彻，为世所珍"这一盛事，《中兴礼书》以及《咸淳临安志》对此都有快意的记述，言修内司官窑烧造的陶瓷祭器，于绍兴十六年获得圆满的成功，并深得高宗帝之赞许。毫无疑问，看到人尽其才，自己苦心操持的事业开花结果，并达到甚高的艺术品位，不次于其父徽宗的北宋官瓷，高宗怎有不喜之理？

南宋官瓷典型的艺术风格和特征，自然一如北宋官窑的作品一样，这是"袭徽宗遗制"的根本结果。明代学者高濂在其《遵生八笺》卷十四之《燕闲清赏笺》中对烧制于修内司的南宋官瓷特征有描述，言其足色如铁，时称紫口铁足，和北宋官窑一脉相承，非汝瓷夹生烧的白胎或浅灰胎；而釉色"色取粉青为上，淡白次之，油灰色，色之下也"；所开纹片则"纹取冰裂、鳝血为上，梅花片、墨纹次之，细碎纹，纹之下也"，釉色纹片不仅与北宋官瓷如出一辙，审美经验也完全依照鉴赏北宋官瓷作品的优劣标准来定论，实可见其对北宋官窑法统的继承。明代另一位学者曹明仲在他的《格古要论》中，对修内司官窑器的特点论述道，"土脉细润，色青带粉红，有蟹爪纹，紫口铁足"，其特点与北宋官瓷的基本一致。尤值得一提的是，自1996年9月在杭州凤凰山老虎洞发现修内司官窑遗址后，所出土的南宋层（此窑至元代还在继续烧制）遗存瓷片及复原器物，完全印证了明代两位学者的记述——除胎质因选用当地（南方）含铁量较高的紫金土显得颜色较黑外，其造型、釉色及开裂纹片和北宋官瓷无明显的分别，且制瓷工艺和作品质量之精良，实非一般率意为之的民窑所能比。用考古专家的话来说，南宋修内司及郊坛下官窑的烧制水准，达到了南宋制瓷技术的最高水平，可谓完美地传承了北宋官瓷的烧制工艺。另一方面，出土复原的礼器及陈设器皿，如花觚、贯耳瓶、香炉、琮瓶、三登壶、尊等器型（包括传世的南宋官瓷作品），也完全印合了史籍关于高宗对礼器法式的要求。其形制、尺寸均在最大程度上再现了徽宗政和"新成礼器"的风范，与北宋官瓷的造型式样等无分别，且胎质、器型也是汝瓷所不具有的。乌龟山郊坛

贯耳花觚

下南宋官窑遗址的考古发掘也是如此，发掘出来的瓷片和复原器物，无不印证了历史文献对两宋官窑一脉相承的记载，堪称用考古发掘出的实物还原了历史。可以说，关于两宋"三段式"官窑之历史传承，文献上的记载是确凿无疑的，并有传世器物及考古发掘为之印证。基于这种客观依据，对南宋官窑传承和发展北宋官窑乃至形成两宋官窑"三段式"的史实，应该是没有什么异议的，官瓷就是官瓷，这也是其缘起帝王之手的特殊历史和使命所决定的。

说到这里，提个小插曲。在修内司官窑遗址未被发现之前，一些专家如已故学者沙孟海先生，考证到邵成章因罪被流放后，虽后来奉诏返京，但回京途中又遭谗言，致使其连气带病死于洪州，未能回到南宋京城临安。沙老便以此为据，加之修内司官窑遗址当时还未找到，故对叶寘《坦斋笔衡》中关于"中兴渡江，有邵成章提举后苑，号邵局"之说产生异议，认为叶寘的记述与史实不符，进而推论和认定《坦斋笔衡》所记载的南宋修内司和郊坛下两处官窑中的修内司官窑根本不存在。就如今天未找到徽宗的北宋官窑遗址，少数几个专家否认开封北宋官窑的存在一样，沙老也认为《坦斋笔衡》的记述不足采信。好在还有一些专家坚持叶寘《坦斋笔衡》的记述是可信的，基本属于当时人记当时事，应该不会有太大的偏差。如陆友《研北杂考》提到，绍兴年间，秦桧为粉饰太平，用内侍邵谔主修礼乐器，招募工匠，组建邵局。其文中也提到邵局，只不过与叶寘《坦斋笔衡》记述这一事件的差别是，邵局的主人是邵谔而非邵成章。当代著名专家傅振伦先生考证邵谔就是邵成章，也有的专家考证邵成章是邵谔之误，但这并不影响《坦斋笔衡》对"邵局"这一事件记述的真实性。令人欣慰的是，1996年对修内司官窑遗址的考古终于获得突破性的发现，考古工作者在凤凰山找到了修内司官窑遗址，用事实证明了叶寘《坦斋笔衡》所记历史事件，真实不虚。

而作为青瓷的至高典范，北宋官瓷对中国陶瓷的影响十分广泛和深远，天下实不乏大批追捧效仿的窑口和无数为之唱和的"志愿者"，而北宋官窑依据名古器所成就的形制及品质，更是其真正垂范千古的根本原因所在。清代学者许之衡在其《饮流斋说瓷》中说"官瓷重楷模，精华四海萃"，可谓由衷地道出了官瓷为人所重视的根本缘由。可以想见，徽宗广纳英才，依据名古器制样，件件有典，富有深意，且不惜人力物力，荟萃当时最高制瓷艺术烧制出来的精美作品，能不成为天下的典范吗？不独是南宋官窑，实际上，徽宗政和"新成礼器"的造型，一经烧制问世，便树立了优美典雅的艺术风格，成为陶瓷业中冠绝天下的奇葩，直接影响了中国陶瓷造型的艺术追求和审美观点，并迅即成为中国陶瓷业的时尚。依葫芦画瓢的追仿者，如过江之鲫，特别是对贯耳瓶、弦纹瓶、琮瓶、鬲式炉等北宋官瓷典型器型的仿造，更有普及天下之势。当时除却因胎轻釉薄而被徽宗弃用的汝窑外（汝瓷至金代后期基本失传），仿北宋官瓷器型的民窑多之又多，诸如哥窑和龙泉系的诸多窑口，以及包括后来跻身宋代五大名窑的钧窑等窑口，均对北宋官瓷进行大力追仿。不独是北宋官瓷的造型，尤其是北宋官瓷薄胎厚釉的制作工艺和技术，更是为后世青瓷开辟了阔步发展的新局面。以龙泉窑为例，其在大量汲取北宋官瓷的烧制工艺和艺术手法上，由薄釉改为厚釉，最终创烧出脍炙人口的粉青和梅子青的釉色，在很大程度上突破了前代形制的局限，使浙江青瓷发生了质的飞跃，其作品也已远非前代所能相比。而在此前，浙江青瓷的烧制历史虽然可追溯到东汉，可谓历史悠久。但自其发轫，直至唐朝、五代，所烧青瓷都是厚胎薄釉，其瓷釉虽也油润，但薄如纸张。一直到徽宗的北宋官瓷兴起后，浙江青瓷才出现厚釉烧制工艺作品，改石灰釉为徽宗北宋官窑创制的石灰碱釉。

可见南宋时期浙江青瓷受北宋官瓷的影响之深。当然，在器物造型和瓷釉上，虽当时民窑口熙熙攘攘，仿烧出大量与北宋官窑作品相类的器物，不过这些窑口仿造的器物大多难以达到北宋官瓷的品位及釉色和质感的美学高度，无以谈什么更高的超越。但这些窑口通过长期的仿造，终究也使自己的窑口不仅多了一些传世造型品种，烧制工艺和技术也有了很大的进步。龙泉之后，明成化年间江西的吉安永和窑及景德镇诸窑口，一度也仿官窑成风，烧制出大量宋官窑青瓷仿品，其中景德镇的仿品还多带有青花楷书六字款，显然是当地御器厂仿制，不过品质较龙泉稍差，这或许是釉料配方和工艺的差异造成的。总之，从这些窑口流传下来的仿品看，无论是器型还是釉色、釉质，其对宋官窑青瓷都进行了较为用心的追仿。不过，仿品中也并非完全未见精品，历史上还确有仿宋官窑青瓷较为成功者。清乾隆时期，颇喜爱附庸风雅的乾隆帝，深知青瓷乃中国陶瓷艺术的代表，堪称中国最优秀的陶瓷文化遗产，

官印

贯耳橄榄瓶

具有无可替代的崇高地位，尤其是开一代先河的徽宗北宋官瓷，更是中国陶瓷艺术的巅峰之作，且浸润着帝王独具禀赋的历史烙印，是为中国陶瓷艺术至尊的庙堂。乾隆皇帝不仅屡为北宋官瓷题诗刻铭，并敕命工匠对北宋官瓷进行仿造。难能可贵的是，得益于乾隆皇帝的重视，清代仿两宋官窑的青瓷作品取得了甚高的艺术成就，少数仿烧的作品几乎可与传世品相媲美。目前北京故宫博物院、台北"故宫博物院"乃至世界著名的文物收藏机构，均藏有乾隆时代仿烧的宋官窑青瓷，无论是造型还是釉质、釉色，均达到了宋以后历代仿官窑的最高艺术水平，乃至给人一种两宋官瓷至清代小有中兴的气象，这当然也说明了北宋官瓷对中国陶瓷的影响是何等的深远和持久。时至今日，一些恢复传统烧制工艺的窑口，对北宋官瓷当年创制的器型及烧制工艺仍在模仿，从未断绝。不过，乾隆皇帝终究不会有徽宗对艺术几近痴迷的追求，其仿烧的宋官窑青瓷，也不过是因为自己喜爱而玩玩而已，不可能如徽宗一样把烧制青瓷当作一项国家大事去实践，故而其仿烧的规模及数量有限，也就谈不上超越和发展了。不过，尽管如此，其对徽宗北宋官瓷颇具深情的追仿，也终究为这个世界留下了一些散射艺术之光的美好事物。

清代学者蓝浦在其所著的《景德镇陶录》中，对北宋陶瓷极为看重。众所周知，浙江是中国青瓷艺术的源头和发祥地之一，但蓝浦却把"汴"排在"浙"的前面，归根结底就是因为徽宗当年创制的北宋官瓷在中国陶瓷艺术上所取得的空前的艺术成就，以及北宋官瓷当时作为中国青瓷艺术的至高典范，实对中国陶瓷有着十分广泛和深远的影响，让开封一跃成为光灿天下的中国陶瓷艺术圣地，气象无与伦比。一如蓝浦所言，有宋一代，为"汴京"官窑和浙江杭州"修内司"及"郊下"官窑"三段式"精美绝伦的艺术创造所映照，官瓷绝对代表着中国陶瓷艺术的至尊和荣耀。

第四章 北宋官瓷的艺术成就

徽宗自大观元年（1107年）设置议礼局开始在"京师自置烧造"官瓷，时任总管东西京"两京窑务"的蔡京，当然要把建窑之事当作自己谄媚徽宗的良机，协助徽宗遴选陶瓷大师建窑烧制符合国用之仪的官瓷……

第一节 梅花冰片

徽宗自大观元年（1107年）设置议礼局开始在"京师自置烧造"官瓷，时任总管东西京"两京窑务"的蔡京，当然要把建窑之事当作自己谄媚徽宗的良机，协助徽宗遴选陶瓷大师建窑烧制符合国用之仪的官瓷，以投徽宗之所好，这也应该是北宋官瓷迅速崛起的一个重要原因。正史可

罗汉钵

太平盘

太极扁壶

能缘于国家礼器禁外用的国法和制度，对徽宗官窑创建的具体细节记载不详，窑口何时烧成第一窑作品无从考证，文献史料也没有具体的记载，但据北宋官瓷的传说，在徽宗"自置窑"的事业上，还是多有蔡京的影子。朝廷开创官窑制度，设置议礼局建窑，蔡京作为朝廷当时主管"两京（东京和西京）窑务"的官员，以朝廷的名义，定制制度，召集和吸引大批人才会师东京为徽宗所用，实在情理之中。史料为之印证的是，北宋时期厢军中确在东京和西京分别建制有"窑务"兵种，即东京窑务和西京窑务中所含的青窑作，有士兵供役，这也是一般民窑所不具备的。当时北宋东窑务青窑作集中了全国各地的能工巧匠。熙宁变法后，名隶官籍的两京窑务青窑作的"官工"，由京都提举诸司库统一管理，且每年有考核，被淘汰者或留汴自谋出路或返回原籍，竞争激烈。因此，随着窑工的流动，多项制瓷技艺在此制度下也获得传播。

当然，改民间贡御和监烧而为官方自置窑烧造，当时召集天下各路瓷艺工匠的局面，在整个中国陶瓷史上也是绝无仅有的。尽管封建制度下，工匠的社会地位不高，陶瓷史上对徽宗建窑时征用的能工巧匠的名字鲜有记载，不过，通过一些学者对北宋官窑缘起的推测和只言片语的史料记述，以及北宋官瓷的一些传说及后来烧制出至尊的青瓷作品，是不难想象到当年北宋官窑集百家之长，在中国陶瓷史上历史性创造的文化局面的。各路身怀绝技被遴选到"京师"的陶瓷匠作大师们，想一逞自己非凡的身手以获得徽宗青睐的愿望，也可以理解，这也应是北宋官窑最宝贵的一笔财富。但自视天才的徽宗，其建窑烧瓷不是请能工巧匠来复制其他窑口的瓷器，而是为了一种更完美庄重的瓷器，也即符合国家礼制要求的"新成礼器"作品的诞生，这已为后来专烧礼器的官瓷历史所印证。徽宗的出发点，就是要创制出一种崭新的瓷器作品，要"革千古之陋，以成一代之典"，而"垂法后世"，以显示其帝王的荣耀。也正是在这种陶瓷艺术的追求下，徽宗依照既定的法度，对造型、翻模、制浆、蘸釉、修坯等普通的工艺也要求得极为严格，釉料调配、还原烧成等关键工艺，在诸多大师丰富的制瓷经验的保障下，徽宗也更有亲自主理和控制的热望。这一点也源自其无与伦比的先天艺术禀赋。北宋官窑在拥有各窑口独到的配方、制瓷技艺及卓越的见识与经验等基础上，徽宗按照自己的理想去自由发挥，应该是水到渠成的事了。

徽宗停止汝窑瓷器贡御历史的根本之处，就在于汝瓷的松胎薄釉，器型不独不合法度，也缺乏礼器的庄重感，作藏品把玩可以，作礼器用于朝廷的祭祀就不太适合了。汝瓷烧成有很高的要求，纵然其尽可能使用独特烧制的办法去追求瓷釉的釉色和玉质感，防止过于玻化，但因其烧成温度低，吃火的温度就很难掌握，温度太低了，烧出来的作品白生生的，难以成器，因为石灰釉的流动性较大，施釉不敢过厚，否则火温稍一偏高不仅易发生堆（流）釉现象，即使釉没烧流，釉面也往往出现太过光亮的玻璃质感，有很高的分光反射率，直接影响釉色及玉质感的形成，且随之也常出现隐约透胎的现象。再者，汝瓷为追求釉面的质感和天青釉色，烧成温度较其他青瓷偏低，致使胎体难以烧结，吸水率较高，故其胎体便显得疏松，胎质乏骨，缺少金石质感。而考虑到本身的承重问题，为防止作品在烧成过程中变形，汝瓷器型只能多走精巧玲珑的路子，大器型的作品寡鲜难觅，其寡薄的釉水本身就使汝瓷烧成的作品分量不足，缺失皇家器物之庄重大气，至多能达到可供把玩的小精品的艺术高度，与富有震撼人心的传世大作，走的不是同一条路子。因此，爱好青瓷的徽宗帝，终止汝瓷贡御历史而自设窑的主要目的就是弥补汝瓷这一缺憾，要创造一种胎坚釉厚合乎朝廷礼仪的神器。对他来说，瓷器作品依靠自身质地的厚重景象和文化气象，以及与之相辅相成的釉质、釉色及造型之美，朴实典雅，古色古香，才可称得上大气横生的上乘艺术品。

从大观元年（1107年）设置议礼局，总管"两京窑务"以及议礼局的蔡京，自是不敢怠慢，督促考订古礼器的官员陆续出样，并令依样造型，开始实施徽宗"新成礼器"的事业。在胎料和釉料配制和试验方面，以今日的试制经验作为参照，不难想象，当时全部参与攻关会战的瓷艺技师们，按瓷釉配方的份数分成若干组，各司一制瓷的粉料杵坑，分别制釉，在烧制作品的同时，大量使用火照及饼插，分别烧制样片，以便于检测最佳

荷花笔洗

的胎、釉配比。总之，官瓷的研烧在朝廷的管理和敕命下，就这样有计划、有步骤地开工了。自然，任何艺术事业都不可能一蹴而就，即使才华横溢的宋徽宗也不能例外。匠人们虽费尽九牛二虎之力进行不懈的探索和创造，但依然困难重重，一个不经意的事件，却把官瓷的探索和研烧引向了成功之途。

这是一个流传已久的故事，虽无具体的史料记载，但对北宋官瓷而言，却影响深远，极富启示意义，包括当代恢复北宋官窑青瓷烧制技艺项目的科研人员也受益匪浅。相传宋徽宗的一个妃子不慎将徽宗赐给她的一个玉镯打碎，一时六神无主，唯恐徽宗发现后失宠。她怀揣碎件，想找一个不为人知的地方将其悄悄扔掉，但又怕皇宫内打扫院落的太监们发现，这样犹豫不决地在宫内转了很久，终于不敢贸然出手。后恰逢八月十五中秋节出宫进香，这位皇妃礼佛上完香后，不经意间，忽然在寺院偏院看见了制瓷用的粉料杵坑，便上前掏出碎玉扔进杵坑。但当她如释重负地长出一口气时，却猛然看见窑工就在近侧。窑工见皇妃丢进杵坑的是些碎玉，便对皇妃道："玉为上等质料，据说入釉对釉质和色泽的变化很有益处。"皇妃听窑工如此言说，遂转身而去。皇妃哪能想到，就是自己这一鲁莽行为，竟促使徽宗梦寐以求的事业获得成功。当窑工将碎玉研磨入釉上胎烧制后，出窑便惊现开片奇特的艺术极品。此釉色虽仍近汝瓷的天青，但釉质肥厚，釉下所开冰片形似梅花，大小不一，层层相叠，如梅花绽放，真是美至极致。尤为稀有的是，其梅花冰片里外绽放，将作品全部覆盖，并非只在器底艰难地开出几朵，而是全器盛开，花片相叠，一如冰镐震冰，神妙之处竟能多达七层以上，堪称鬼斧神工。此梅花冰片还真有冰的特性，遇水则冰融，冰状梅花隐而不见，水干则冰现，朵朵冰花棱角分明地满器绽开，神乎其神（这或许也

葫芦瓶

是古人称该釉为"冰片"的原因所在），徽宗帝为之大喜过望。他厚赏窑工，当即命宰相蔡京按编号提取釉料配方，窑工不敢隐瞒，遂将误加玉料之事如实禀报徽宗。徽宗帝听后，茅塞顿开，大笑不止，他终于悟得奥妙所在，他胸有成竹地看到了一个崭新的陶瓷时代辉如晨曦般进射出的光芒，将他的窑口照亮。

皇妃误投碎玉，窑工以玉泥入釉，尽管是传说，但莹莹如玉的梅花冰片成了北宋官瓷的先声，吹响了北宋官瓷震惊中国陶瓷史的号角。虽然在严格意义上来说，梅花开片还是北宋官瓷初创时期承汝瓷烧制技艺的第一代作品，不仅胎色像汝瓷胎体一样浅淡，在釉色上也还未达到北宋官瓷后来粉青、翠绿、月白、米黄、油灰等釉色丰富的至高品质，但在瓷釉的开片上已完全超越了汝瓷细碎的蝉衣纹。本来陶瓷工艺上的开片，指的是瓷釉表面随温度变化裂出的不规则的纹路，也即外行所说的炸纹，好似瓷器的一种缺陷，其实

不然，北宋官瓷梅花冰片的艺术魅力却绝非如此简单，其层层相叠，由一般平面的纹理开裂，达到不可思议的从釉面一直开到釉下（毫不伤胎），且形成形象逼真的梅花绽放的冰片图案，其横绝古今的绝世创造，以及厚如堆脂的梦幻釉质，在抵达汝瓷无以达到的高度的同时，也以其独具特色的艺术品质，打开了北宋官窑青瓷的美妙之门，完美地形成了北宋官瓷青玉冰片的全新美学风格，尤其是配釉工艺，以及令其他青瓷窑口望尘莫及的开片效果，堪称绝响天下。南宋诗人马祖常赞颂官窑"贡篚银貂金作籍，官窑瓷器玉为泥"的诗句，言之不虚。

关于玉粉入釉之说，当代官瓷研究者通过科技手段也证实了这一点。科学研究者通过对瓷质进行化学分析表明，玉石的主要成分是二氧化硅，在配釉使用上，与一般的石英砂、玻璃粉的成分并无太大的区别，按理说三者之间应该可以相互取代，互通互用。但奇妙的是，非玉粉入釉不独

釉浆的黏度和悬浮度不够，影响多次蘸釉工艺的圆满完成，瓷器也难以幻开出釉质肥厚的层层叠摞的大冰片。石英砂、玻璃粉等入釉后所裂纹片较细碎寡薄，蘸釉厚了则会出现棕眼、气泡及流釉缺陷，无法与使用玉粉形成的釉质相比。仿佛官瓷天生偏爱玉粉一样，无其不成大美，这种只认玉粉的古怪情形，或许只能以玉粉中富含有石英砂、玻璃粉缺少的微量元素以及釉浆与胎体的结合性及对炉火的适宜性来解释。20世纪80年代初，国家计划委员会立项，在官瓷故乡开封试制恢复宋官窑青瓷国宝级烧制技艺之际，来自全国各地的瓷艺大师，献计献策，苦苦试验，最终还是用煅烧的玉粉或玛瑙矿石配釉才获得成功。排除玉粉（玛瑙矿石），以石英砂、玻璃粉代替玉粉等入釉，远远达不到北宋官瓷釉质如缎似玉、攥之出油的艺术品质。据说正是北宋官瓷关于梅花冰片的传说，再加上马祖常"官窑瓷器玉为泥"诗句的呼应，才将宋官窑青瓷梅花冰片的试制引上正途。官瓷试制组的大师们后经多次试验，总结出玉粉（玛瑙矿石）入釉烧制梅花冰片的最佳配比，基本在1%~2%，当然，若想节省成本，也可以用玻璃粉配釉，只是烧制出来的作品不如玉粉入釉那样温润，手感也稍有差别。

梅花冰片的釉与汝瓷的烧制技艺有着明显的传承关系，胎属高铝胎质，要专门加入一定比例的铝矿石或铝粉（笔者所烧胎方，一般加入5%~8%的高铝矿石），这是梅花冰片形成的一个主要因素。釉虽以碱性金属钾、钠长石入釉，但方解石用量应接近或稍高于石英的配比，使釉的流动性较强，特别是用玻璃粉做主料入釉，易发生流釉现象，故大件作品的烧成率不高。如使用玛瑙矿石，须经煅烧后方可入釉。尽管梅花冰片配方简单，但却甚难烧成，弄不好就烧成一窑残次品，所以问津者极少，更没有专门烧制梅花冰片的窑口，至多是得闲自己烧一窑玩玩，这也

菊花方尊

荷口托盘

栗黄小梅瓶

愈发显得梅花冰片这一品种稀有难得。此外，梅花冰片的烧制，在长石入釉方面也有秘诀，因钠长石与钾长石所形成的三角形开片不同，钠长石多呈六角形开片，形状极似梅花，故烧制梅花冰片应选择钠含量较高的长石（如白长石）入釉，唯此才能烧出幻放大花片的冰片；在烧成方面，梅花冰片的烧成温度一般在 1230~1260 ℃，较汝瓷烧成温度高。汝瓷烧成温度一般在 1170 ℃左右，最高不超过 1200 ℃，过了这个温度线基本就玻化了。故而，从官瓷的烧成温度上，也可看出其与汝瓷的区别，二者绝非同一青瓷瓷种。以梅花冰片为例，其烧成温度远远高于汝瓷的烧成温度，若不越过 1220 ℃的温度线，就不可能烧成通体冰片相叠的作品；在釉料调配方面，虽官瓷与汝瓷有着较复杂的关系，但官瓷与汝瓷在选料入釉方面难以完全相同，特别在长石的选择上，有着较大差别，烧成的作品当然也不可能等同。

第二节 纹犹鳝血裂冰肤

乾隆皇帝在古玩鉴赏和诗词歌赋的创作上有些艺术功力，号称诗词万首，描人状物，有其独到之处。其为北宋官瓷所赋诗篇就足见神韵。清朝非如北宋得之五代十国狭小零落的国土，清王朝得益于明朝曾经一统江山的泽惠，再加上前期的扩张，登基后的乾隆，纳入他统治下的版图，已远过于北宋。但值得回味的是，拥有天下无数财宝的乾隆，虽然宝贝可以车载斗量，但其对北宋官瓷却情有独钟。仅据台北"故宫博物院"北宋官瓷传世品的刻铭统计，乾隆为北宋官瓷所颂诗篇便多达十余首。从这一点来看，北宋官瓷在其心目中的优越地位也当一目了然了，否则乾隆对中国瓷器也不可能有"陶成缅赵宋"（乾隆宋官窑刻铭）的由衷感叹和赞美了。

能得乾隆皇帝的珍爱，北宋官窑的作品自身品质也必有出类拔萃之处，这是不容置疑的。这里暂且不论这种出自帝王手笔的陶瓷艺术，如何先天具有皇族血统和尊贵的文化艺术烙印，仅其吸收当时各类窑系的制瓷精华，在综合当时诸大名窑和窑系工艺优点之上的创造，就足以在中国陶瓷艺术之林独树一帜了。根基独厚的北宋官窑瓷器，特别注重本身的釉色美，更在诸名窑的施釉技法上加以改造，创制出一套严密的多次施釉的釉烧工艺，使得官瓷凝厚的釉层独树一帜，并影响了北宋以后几乎所有青瓷系的窑口。

中国陶瓷的制作工艺，具有精湛的制作艺术和悠久的历史传统，按我国陶瓷传统制作工艺，其工序大项包括取土、练泥、洗料、镀匣、修模、做坯、印坯、镞坯、满窑、开窑等23道工序，细分起来更是多达70余项。北宋官瓷作为传统陶瓷的一个种类，当然不能例外。这里所说的是北宋官瓷釉质制备的釉烧工艺，而非北宋官瓷制作的全部技艺。

北宋官瓷具体的釉烧工艺，是采取二次烧成的制瓷技艺，坯体成型干燥后，先以960℃左右温度素烧胎体，以增加胎骨的强度，便于多次施釉。然后基本采用外浸釉、内涮釉的方法，在烧结的坯体上内、外分别进行往复数次的施釉，使得内外釉层厚度往往等于或大于坯体的厚度，最后通过高温还原的釉烧技艺，来追求其作品的玉石之美和肥厚的釉质，以至成就作品的凝厚庄严和规整大气，并使得肥美的釉层在烧成过程中由于应力的不同变化，最终达到艺术的开片效果。不仅如此，北宋官瓷虽为质朴无华的素面青瓷，既无精雕细琢的装饰，又无色彩艳丽的描绘，但其所禀赋的三代古青铜器和玉器筋骨挺拔的造型，实达到了一种象征和隐喻的艺术高度，其在胎体上随其外形所随意变化的凸凹、直棱以及弦

小笔筒

荷花香熏

纹等造型手法，在巩固胎骨强度影响釉面开片的同时，也恰到好处地表达出官瓷作品端庄典雅的自然朴素之美和青铜之韵。

北宋官瓷肥釉坚胎，受釉层中应力分布不均的影响，加之在烧制过程中二者的膨胀系数又不相同，釉面开裂（开片）在所难免，用现代的科学理论来说，北宋官瓷瓷釉属石灰碱釉，釉中呈碱性的助融元素成分（钾长石、钠长石）的含量较高，本身的热膨胀系数就大，性质活跃，易发生热振动（变化）。因为碱金属离子带电量小，故其瓷釉的结合很弱，很小的热能即会产生剧烈的振动，再经过高温煅烧，含碱性氧化物多的釉必然因其热膨胀系数大而发生相应的变化，这样釉面在冷却后自然会开出大块的龟背纹路，并随着胎、釉应力的释放，这纵横交织的开裂纹片，在釉面应力逐渐减小的情况下，又逐渐破裂出阡陌纵横、层层叠错的细密小冰片，使瓷器在彰显出万千天成的神奇纹路的同时，还隐约折射着钻石般晶莹的光芒。这奇美自然的艺术效果，一如严冬玻璃窗上一夜间成就的奇妙冰花，如梦如画，波光粼粼，温润而细腻。难能可贵的是，北宋官瓷的开片艺术缘于其胎、釉用料的绝妙调配，实已达到了一个很高的艺术神境，纵是手把件的小器皿，也能如意地开出龟背一样的大片纹路，令人爱不释手。

值得说明的是，瓷器的开片本来就是任由天作，随顺自然，但官瓷开片纹路却能出现醒目的鳝血之纹，而依附鳝血之纹所开的细密冰片又晶莹无色，最终使其作品展现出让人难以理解的红线串冰凌之奇幻的艺术效果。这究竟是一种怎样的秘密？又是如何出现如此这般的艺术效果的？其实，北宋官瓷这种"纹犹鳝血裂冰肤"的艺术特征，以笔者多年的烧制经验而言，虽纹片开裂在于胎、釉的膨胀系数不一，是经"火之幻化"所成，但所形成的有色（鳝血）片纹，是为北宋官瓷追求开片艺术的一种独特的装饰技艺，不是某些专家学者推测论述的那样，言是由于官瓷胎体在高温还原气氛下，氧化铁离子在高温下发生窑变，后经漫长的岁月，氧化铁离子渐渐渗出，所以才将开片纹路染得猩红，色如鳝血。这种推论很学术，看似颇有道理，其实不然，否则，为何所裂的层层叠摞的细密冰片不呈鳝血之色？难道氧化铁离子是神机妙算且又懂如何合人心意的美学精灵，只选择在大纹路上渗出，而理智地放弃所有细密的小冰片？这显然是说不通的，是与官瓷固有的开片着色工艺相违背的。所有认为这种说法正确合理的，主要是其未在窑口亲自烧制实践，才会有如此背离客观经验的想当然之说。北宋官瓷作品的鳝血纹，实际上是人为的一道做线工艺，为北宋官窑所独创，也是同样拥有"紫口铁足"艺术特征的东窑瓷器所不具有的，代表着北宋官瓷对东窑东青瓷的一种艺术超越。其最初的目的是突出官瓷开裂的纹片，以求得素雅的青瓷釉面上多一些色彩变化。其具体的传统操作方法是，官瓷作品烧制出窑后，在其开片的第一时间，窑工便将作品全身涂抹配好的染料，而后用直接擦拭的方法来做线。因为瓷器所裂的纹片与染料接触或受外力擦拭后便于染料的渗入，没有什么太神秘的技术问题。一是用煅烧后再经碾磨成粉的含铁量较高的铁矿石、紫金土等褐色矿物原料，兑入朱砂、墨汁调成色料后直接擦拭染色；二是用日常生活中的常见之物，主料为精心调配的近乎鳝鱼血色的矿石色料，辅料为石榴皮和茶叶，可掺在一起来实施染色。瓷器经这种配好的染料擦拭，鳝血纹便染成了，清洗后擦拭干净就任其随便开冰片吧，多多益善，越细密越有情趣。但以笔者的经验，目前官瓷烧制者所用的染线工艺，乃一些非传统的染色方法，工艺更简单，直接用稍做调配近似赭石色的国画颜料或宣传色颜料，将其涂在瓷器上，然后用抹布或海绵擦拭干净即可，操作方便。此外，随着科技的发展和进步，如今还有配制化学原料进行染色的，其中最简单的方法是碱性橙色基兑墨汁，或红、黄勾兑的色浆再兑入少量墨汁等。反正是怎么得心应手怎么来，没什么国家或行业标准，只要所染纹线近于传世的官瓷器物上的鳝血纹即可。但必须共同遵守的是，在做线时，无论用何种方法，均要选择在瓷器出窑开片的第一时间进行操作，否则，等开片时间长了亦即行家所谓的"开老了"再去染线，染出来的只能如哥窑瓷器一样，成为"百圾碎"，也便没有北宋官瓷瓷器"纹犹鳝血裂冰肤"的艺术神韵了。哥窑"金丝铁线"的染色工艺也是如此，也要求在第一时间使用墨汁先染"铁线"，而后等瓷器纹片开老了再染"金丝"。

在具体的工艺上，只要将"铁线"染在瓷器开老之前即可，"金丝"则可根据要求的细密程度酌时染之，较官瓷多一道染色工艺。不过，相较于鳝血纹，"铁线金丝"的细碎纹的美感还是不如龟背片的鳝血纹朴素自然、典雅大气，明代学者高濂评价两宋官窑瓷器也说："冰裂鳝血为上，梅花片墨纹次之，细碎纹，纹之下也。"

官瓷还有"官瓷一点红，万世吃不穷"的谚语，言官瓷釉面会凤毛麟角地窑变出一片（一点或几道）出人意料的色泽或色斑，其品状或"肖形"或状物或法自然山水，出神入化，天趣自成，是为官瓷作品中之极品，但却与釉面开片无关。其艺术特征一如《博物要览》中所言："官哥二窑，时有窑变，状类蝴蝶禽鸟麟豹等像，于本色釉外变色，或黄或红紫，肖形可爱，乃火之幻化，理不可晓。"笔者曾见识过这类"于本色釉外变色，或黄或红紫"的作品，其"肖形可爱"绝对真实不虚。这些偶然出现的色斑"乃火之幻化"，非人故意为之，纯属天成，釉色经烈火窑变成"状类蝴蝶禽鸟麟豹"之形象，而且朝夕观之各异，变幻莫测，实乃"理不可晓"。清代学者朱琰亦道："曝书亭集官窑化浇，其温兮若鱼尾之散余霞，润兮若海棠之过朝雨"，言官瓷碧波荡漾的青色釉面神变出的彩霞朝雨，如诗如画，颇具动人心

荷口冰片罐

荷口盆

花口瓜棱瓶

魄的美感，实为官瓷中出类拔萃的神品。不过，有些研究者和鉴赏者难以明悟官瓷窑变出色之难得。他们认为，这些偶得的色斑，一是人工故意所为或者是釉料中杂质未除净所致，属于微量铜矿石或锌矿石在烈焰煅烧下，经还原窑变产生的另类现象，与官瓷纯净似玉的艺术品质颇有抵牾，故常视其为次品，并将其从官瓷上等作品的范畴中剔除，这也是馆藏官瓷传世品中没有这些窑变作品的一个原因。笔者从原料的角度去考察，深深地理解，就是同一矿源，山底下、山中间和山顶上其矿石所含化学成分也不尽相同，可能还会有很大差距，偶有含铜或锌的矿石入釉，产生突破青釉的窑变，也在情理之中。令人遗憾的是，虽今日这类窑变的作品还可能偶有所得，不知哪一窑出个一两件，但两宋时期"一点红"的作品，却始终未能见到。关于这一只有谚语传说没有传世作品印证的情形，之所以只能在文人的历史笔记中看到记载，实有其客观上的难言之隐。《余冬录》曾为之言道："江浙官窑，烧造供上瓷器，其始抟作涂饰，求其精致一也。开窑之日，反复比量，而美恶辨矣。其中有同是质而遂成异质，同是色而特为异色者，水土所合，人力之巧不复能与，是之谓窑变。盖数十窑中，千万品而一遇焉。然监窑官见则必毁之，窑变实珍奇，而不敢以进御，以非可岁供物也。故供上磁（瓷）器，惟取其端正合制，莹无疵瑕，色泽如一者耳。"虽然这些"人力之巧不复能与"的作品，"数十窑中"，乃至"千万品"里才得一个，实乃极为稀有难得，但纵为珍宝，遇之也"必毁之"，"不敢以进御"。拿它去献给皇上，其不"端正合制"和非"色泽如一"是一方面；这些作品不是想烧就能烧成，这才是主要原因。终究，这类神品太难得了，每出一件也只能是孤品，若皇上需要大批烧制，窑工大匠又怎能成批烧制出这类本属意外之物的神器？愿望可是控制不了窑变的。故而，为不给自己找难题，监窑官乃至包括窑口工匠，自然要忍痛割爱，见之必毁，不敢让这类孤品出世。

从北宋官瓷艺术特征的角度而论，纵排除这类窑变出彩的作品不论，"纹犹鳝血裂冰肤"之美，也堪为北宋官瓷对中国青瓷的一项极富诗意的贡献和创造，丰富了中国青瓷单一的釉色，是为汝瓷等开片青瓷不具备或不去刻意追求的美好事物。不独如此，在开片艺术方面，汝窑还以无纹片开裂为上品，明代学者曹昭就对不开纹片的汝瓷推崇备至。成书于清代的《南窑笔记》也言，（汝瓷）有有纹片者，有无纹片者，说明汝瓷并不在意作品纹片的开裂，也就是说其并不是以追求开片为其作品的主要特征的，开不开片，完全任其自然，更谈不上北宋官瓷有意追求纹片成熟开裂的做（染）线工艺了，这在客观上也说明了二者艺术特征的差别。两窑口一个是无意为之，不在乎作品是否开片，任其自然；一个是刻意追求，尽可能使之成为别具一格的天然装饰艺术。而从北宋官瓷"纹犹鳝血裂冰肤"之开片艺术特征而言，我们不难想见，北宋官瓷粉青色或月白色玉润的光芒中，开裂成龟背片的鳝血纹路，在"紫口铁足"的艺术特质包围间，直接突破了青釉单一的色彩，恰似春水投石，波纹乍起，灵性顿生，加之细小的冰片点缀，这青釉红线、线串冰莹碎片且飘逸疏朗的艺术奇观，绝对是鬼斧神工，天成大美，这也是北宋官窑瓷器与其他名窑瓷器的不同之处，堪为鉴定北宋官瓷作品一个典型的艺术特征。虽然哥瓷也有染线工艺，并传承北宋官瓷，将"金丝铁线"的染线工艺发挥成为其代表性的特征。然而，哥瓷的染线，相较北宋官瓷作品，在审美上还是有相当的差距，艺术效果也不可能在一个层面上。哥瓷是先用墨汁染大

葵口洗

线，待釉表面开片基本稳定亦即釉中应力释放基本完结后，再用调制好的金黄色颜料浸泡、擦拭染碎线，这样染成的作品，现出满器"百圾碎"的杂密纹路。虽极好辨认，但太过于凌乱和花哨，直接损伤了青瓷本身固有的朴素和淡雅，这与北宋官瓷"纹犹鳝血裂冰肤"的艺术美感确有一定距离，故乾隆帝"粉青真上品，鳝血具奇纹"的宋官窑刻铭，对官瓷釉色和纹片的艺术之美深有感叹。确实，清丽的阳光斜射入充满馨香的静室中，守候着一颗平淡的心灵，北宋官瓷的"鳝血纹路、晶莹冰肤"，疏淡有致，耐人品味。其朴中见华，美乎其美，凸显出北宋官窑作品的高贵和典雅。纵然北宋官瓷未创世前，汝瓷在中国青瓷系列中有"为魁"天下的盛誉，但细观其釉面，因为釉水寡薄，随应力一开即碎，只能形成不见色彩的细密的蝉衣纹，开片也无法突出，非近观难以辨识。又因其缺少北宋官瓷的做线工艺，只能毫无变化地素面朝天，其纹片的艺术价值相较于北宋官瓷，似乎有些缺失，这也反衬出北宋官瓷追求釉色丰富的艺术创造。

历金、元、明数百年改朝换代的惨烈战争之浩劫，基本上毁于金兵攻陷东京的北宋官瓷，其珍稀作品能传到清代，已到了凤毛麟角的地步，罕有难得。或许也幸亏赖于皇家的收藏，这极易破碎的美好事物才能传承下去，福泽后世，使后人得以感受和体会到北宋官瓷开片艺术的风采神韵，并对研究以及传承这项技艺提供了最为直接的实物参考。

乾隆皇帝赋诗表达了他对北宋官瓷艺术品质至高的感悟和敬仰：

李唐越器久称无，赵宋官窑珍以孤。
色自粉青泯火气，纹犹鳝血裂冰肤。
摩挲真是朴之朴，咏叹仍非觚不觚。
合赠何人合长吉，簪花得句负奚奴。

诗句描绘了北宋官瓷青玉般莹润的光辉，以及"纹犹鳝血裂冰肤"的静美典雅、温润疏朗等典型的艺术特征。对我们后人而言，北宋官瓷之所以达到如此高雅的艺术境地，与其釉色的质地和独特的开片艺术追求是分不开的：

其一，北宋官瓷开创的青瓷类肥厚釉质在于多次的施釉工艺，并为釉面开片的艺术效果提供了保证。

其二，北宋官瓷"纹犹鳝血裂冰肤"的釉面开片艺术，完全是一种人为的和有目的的艺术追求，其方法就是文中所述的北宋官瓷的做线工艺。

第三节　"聚沫攒珠"与"沧海浮珠"

徽宗当年之所以称这些釉下晶莹剔透的细密气泡为"聚沫攒珠"，其祥和光辉，实别有一番含蓄柔和之美，是为北宋官瓷作品一种极为美好的事物，这也是鉴别真正的北宋官瓷乃至包括区别汝瓷的一个十分重要的特征（汝瓷胎轻釉薄，

花口贯耳壶

高温中釉料和坯体析出的气泡少，难有"聚沫攒珠"气象，故只有"寥若晨星"之称）。正缘于这些细密气泡的存在，可以折射和改变釉面的光线，使釉质生动，不那么死板，才盎然地形成北宋官瓷温雅如玉的质感，且消除了那些由氧化火焰直接烧成的琉璃质感和与其相辅相成的贼光。这里值得一说的是，"攒珠"二字的含义就好像是把一个个形如珍珠的气泡堆集起来，并使这些釉下堆积的气泡有立体感。这些气泡可用活灵活现来定义，非其他窑口的作品那样，在釉下虽也气泡密集，但因其釉质寡薄，直观上是一种平面的集合和排列，缺乏生动的立体感。最为精绝的是，有些气泡在吸收了其他"沫沫"后，体积膨胀，且在高温下浮向釉表，极富动感，仿佛要被气撑破一般，但实际上完好无损，恰似灿如清湖的釉面上，明珠凸现，极尽天然造化之美。对这一令人惊叹不已的神形，徽宗也为之赋予了一个优美的称谓，名曰"沧海浮珠"，这是北宋官瓷独特的瓷釉配比和施釉工艺，经还原气氛的煅烧和催化，所创造出的奇迹。胎实釉厚，抚之若玉，攥之出油，天造神化，可谓灵性自倍。

关于北宋官瓷釉下的"聚沫攒珠"与"沧海浮珠"，就是高温煅烧下气氛还原的一种表现，是通过铁的还原来呈现深浅不一的各种青瓷釉色，也是一种特有的"窑变"。其实，所谓"窑变"，依烧制技艺而言，乃窑工在还原气氛烧制下，添煤加火或泄渣撬火时，由于时间、动作及添加量不可能完全一致，必有所差别，便造成窑炉内温度和气氛的差异，坯体当然会随温度及气氛的不同而产生差异，釉质、色泽等会相应出现不同的变化，难以整齐划一，这也是人工不可能控制的，故而"窑变"随之就发生了。之于作品，其形成机理，按现在的理论来讲，是为釉层在多变的火温和气氛下，产生"液—液分相"的结果。所谓的"液—液分相"，就是瓷釉在连续的玻璃基质中悬浮着另一种液滴状玻璃，这种微小的颗粒学术上称为分散相，有些专家也称其为第二相粒子，可起到一定的乳浊和折光效果。因此，这种"分相"抵达的境界，就是含蓄温润的乳光及如缎似玉的青瓷质感。北宋官瓷釉层"液—液分相"的形成，主要就是使得氧化火焰直接烧成的琉璃质感大为减少或消除，釉下生成密集的气沫和气泡，在对氧化铁进行还原后，达到一种美玉般乳浊的艺术效果。当然，关于北宋官瓷瓷器釉层"液—液分相"形成理论的研究，是一较深奥的学术问题，关系到北宋官瓷瓷釉最终烧成的各个方面的因素，非几句话所能够解释清楚，至今仍有许多研究者在从事这方面的研究。不过，总的来说，其形成机理是和北宋官瓷釉料配比的化学组成及精到的烧制技艺分不开的，在直观经验上，北宋官瓷釉层中的"液—液分相"，就是在还原气氛下，形成瓷釉的析晶和乳浊，其在釉层中的表现，与"聚沫攒珠"息息相关。故而，再回到北宋官瓷作品"聚沫攒珠"的烧成上，其艺术特征就容易理解了，至于官瓷瓷釉中由"沫"到"珠"的分别和变化，是一种烧制过程的递进，基本上取决于烧制温度的高低以及釉层的厚度。在通常情况下，北宋官瓷的烧成虽较汝瓷的温度高，但为了追求瓷釉的亚光和玉质感，也如汝瓷的烧成工艺一样，尽量慢烧和生烧，所以一般以"聚沫"为多，"沧海浮珠"的情形十分少见，不像钧瓷那样，烧成的温度高，釉下多"沧海浮珠"。当然，这里主要指的是钧瓷传统工艺烧成的作品，因为"沫"和"珠"都是高温下气氛还原的结果，不用还原气氛烧制，温度再高，釉下也很少会出现"聚沫攒珠"和"沧海浮珠"。如今有些钧瓷窑口，使用20世纪80年代禹州钧瓷二厂经科研攻关研制出的一种氧化焰的新工艺，在烧制作品时，采用在釉料中事先加入固体碳化硅（SiC）做还原剂，然后使用氧化焰将作品烧成。

这类作品，釉下尽管出现类似冰花的结晶图案，釉色和釉质也近似还原焰烧成的作品，极大地提高了产品的烧成率，不过，想让其大量形成"聚沫攒珠"与"沧海浮珠"的艺术效果，就不是那么容易的事了。汝瓷因较北宋官瓷的烧成温度低，且釉水稀薄，故基本上不会有"沧海浮珠"的特征。

总的来说，虽然"聚沫攒珠"与"沧海浮珠"主要取决于烧制温度，但于北宋官瓷自身的烧制技艺而言，却还有通幽的曲径，此实为北宋官瓷制作艺术的精华。官瓷向有"一火，二料，三细工"之说，这里暂且不论官瓷的烧成技艺和大师巨匠制作工艺的精湛以及朝廷为追求作品的完美，对其制作严格的要求，仅在原料的选用上，就颇值得一提。北宋官瓷在原料选用、色调调配上甚为讲究，尤其在原料选用上，可以说是穷其奢华，不惜代价。同时，但凡有些规模的窑口对练泥工艺都颇为讲究，而北宋官窑对此更是精益求精。北宋官瓷与其他窑口、窑系制作技艺不同的是，已经练制成"绕指柔"的瓷泥，特别是釉浆（泥），一般还需经一定时间的闷制、沤泡，才可使用。这等漫长的练泥工艺，自然成为注重烧制成本的民间窑口和其他窑口不敢攀比的，遑论还加入翡翠、玛瑙之类的珍贵玉粉了。《长物志》中也言："官窑隐纹如蟹爪，哥窑隐纹如鱼子"。官瓷用料乃上乘之料，而以此练制之熟泥制成的瓷釉入火，还原烧制，一如蒸馒头变"死面"为"发面"一样，其必会影响和促进生成瓷釉中的"聚沫攒珠"与"沧海浮珠"。

最后值得一提的是，由于科学的发展进步，当今的某些陶瓷大师，不在瓷釉选料配比、练制瓷泥和烧成技艺上下功夫，竟别开天地，极具创造性地发明了一种消光（亦称杀光或咬光）神技。清一色氧化火烧出来的色釉琉璃瓶，一个个经化学酸剂（主要是氢氟酸）一泡，琉璃贼光便

梅瓶

被一洗而去。拿出来一只，猛地一看，手艺还不错，色呈亚光，好似有些玉的感觉，但再拿出一堆都是一个模样、一个颜色，这就让人怀疑了。拿到手中用偏光镜一照，真相便出来了，釉面被酸腐蚀得遍布细密的麻点，哪里有什么"聚沫攒珠"，就更别想"浮珠沧海"的景了。这种被化学酸剂烧过的瓷器，绝不会有艺术价值。

【附】识别瓷器作假

青瓷作假，基本针对的是瓷釉表面的浮光，也即行内所说的"贼光或火气"。因为青瓷在造型之外，主要依靠单纯的釉质和釉色来表达其自然之美。质量上乘的青瓷，其釉质如同堆脂，釉色纯净莹澈，上手抚之如缎似玉，攥之仿佛隐隐出油，甚有细腻光滑的手感，且质呈亚光。而琉璃瓶般"贼光"四射的青瓷器，实属青瓷中的下品，主要是釉方配比不合理，再者就是烧制温度过高或烧成过程中对驭火烧制的方法掌握不当造成的。故消除瓷器表面的"贼光"，让人感觉其烧制的作品朴和若玉，乃造假者主要考虑的问题，最原始的方法是先用牛皮、马皮等兽皮将瓷器表面的琉璃质感擦去，这道工序需造假者使尽浑身解数去完成，用时也较长，少说也要摩擦个十天半月。当这道"工艺"完成的差不多后，再将摩擦过的瓷器放入茶叶加碱的水中，煮5~6小时，这样才可使其表面的"贼光"去掉。最后，将瓷器擦上一些浑浊黏稠的油泥（有人也用粪便），然后埋入土中，瓷表面会把泥土等污垢"吃"进瓷器，这样古朴陈旧的感觉就做出来了。不过，现在科技的发展，也为造假者提供了方便。笔者现将所了解到的耸人听闻的瓷器作假的主要方法及识别陈说如下：

1. 用化学药品侵蚀以消去"贼光"：其方法是将氢氟酸兑水各半，将瓷器浸入调好的溶液里，或用刷子均匀涂刷器物的表面，由下往上刷，釉层厚的地方涂刷时间可长些，薄处可相对短些，一般涂刷10分钟左右后，即用清水冲洗干净，以免时间过长，釉层表面腐蚀得太厉害会毫无光泽，易被人看出来。如果仍觉得太亮，可在表面涂点沙拉油，其效果便让人觉得温润如玉。识别这类伪品的要领，应仔细观察其表面的颜色。因为用这种方法侵蚀后，陶瓷表面光泽虽然减退了，但显得十分呆板和不自然。如有放大镜，识别的方法就简单了，这种用氢氟酸处理过的瓷器，高倍放大镜下可显现出无数个被酸腐蚀过的小猪毛孔，俗称"麻点"。此外，将其放入沸水中一煮，便可嗅出其释放的腥膻刺鼻的化学味儿。

2. 打磨：作伪者有时也意识到了化学侵蚀的方法会给瓷器釉面带来损害，所以也采用含有油类的兽皮或软布进行抛打，同样可以使釉面产生柔润的效果，但与真品釉面光滑细腻的手感明显不同，作伪处理过的瓷器釉面触摸时有较为明显的油质感。常用的工具有兽皮或葫芦果实的外壳等，用这种方法作假，因对瓷器进行反复摩擦，即使表面打磨得很平滑，也会在胎釉上留下摩擦痕迹。如果用放大镜仔细观察，这些摩擦痕迹会暴露得一清二楚。不过，当今的造假者为能骗住顾客，一般使用机器打磨，即制作一个专门用于作假的小球磨机，配以木炭和原产地的细砂，或专门用胎料、釉料煅烧出黄豆大小的泥蛋，像炒栗子一样翻滚打磨，摩擦痕迹十分均匀，不易看出，须仔细辨识。

3. 土浸：作伪者常采用把瓷器埋入泥土中浸泡的方法，使其产生与出土文物类似的效果。具体方法是，在要做土锈的地方涂少量502胶水，或使用乳胶、过氧化氢等现代化学黏合剂，拍上掺杂石灰的黄泥墓土或石膏粉做土锈，然后埋入地下，浇上粪便，令其发生变化。更有作铁锈者，使用在器物的某些部位放置铁钉、铁皮等易锈之物的方法，并撒置盐及过氧化氢或氢氟酸加速其氧化过程。这样经一段时间露天堆放后，瓷面上会生成很难消除的铁锈，几乎比自然生成的还要结实，有的用盐酸也难洗掉。鉴定这类表面很像出土文物的伪品，主要方法是仔细观察其铁锈是否自然，颜色是否鲜艳；鉴定土锈则较简单，用刀具一刮，便知真伪。墓中出土的真物，其土锈呈粉状往下掉，假的则整块地往下掉，而器真者土锈较为牢固，不易碰掉，假的则一碰即掉。

4. 烟熏：造假者为了使所作器物给人以年代久远的感觉，常使用烟熏火燎的作假方法。其具体操作程序，就是直接将瓷器架放在烟雾缭绕的麦秸火旁熏烤，任其烟熏火燎，以产生陈旧感。鉴定这类做旧瓷器的要领是，仔细辨认其油腻痕迹，真者无油痕，伪者因带有浓重油烟的缘故，器物表面多发黄，且有油腻感。

5. 作色：造假者为将器物的年代做得很久远，使用一种类似北宋官瓷染线的工艺，其方法是，先用酸性溶液（高锰酸钾）掺入少许甜蜜素涂遍器身，浸染一段时间（约48小时）后，再用干布擦拭干净。其露胎处、开片处均呈不同程度紫褐色，给人一种瓷器经长时间使用，已有污渍渗进瓷器缝内的感觉。如果觉得底足颜色太深，一般用洗衣粉擦洗，或用细砂纸打磨，使胎微露胎色，似糯米胎，视觉上给人以误差。鉴别这类作假方法很简单，直接将器物放在容器中用水冲洗干净即可。过多使用高锰酸钾的，水也会被染得发紫。有些作色较重的器物，用手指蘸点水一摸，手指也会染成紫褐色。

6. 复烧：造假者将新仿的瓷器裹上混有原产地料石研磨好的泥土，再配上微量的氢氟酸和水，放入窑中烧至700~800℃。这种方法是当代作假"大师"们新发明的，效果较为逼真，既可退去浮光，又可咬上土锈，但仔细观察，其土锈仍比较呆板和新鲜，过于做作。另一种复烧是

立筋贯耳壶

指将残缺的旧器（残缺部位较小，如器身的冲或器口的磕口）的残缺部分用釉胎料修补好，再放入窑中复烧，出窑后完整无缺，价格便提升数倍。鉴别时用硬物刮过补口，其声音会发生变化。

7. 人为剥釉现象：作伪者有时故意在瓷器的底足部分剥去一部分釉层，使之露出胎质，以期达到给人以沧桑陈旧的感觉。由于无论现代制瓷还是古代烧器，所用的制瓷原料基本都是同一产地，无什么差别，故其胎色十分接近。但是作假的物件与真品的自然剥釉进行仔细对比，还是可以发现伪品的破绽：真品的剥釉断面基本上是直茬，伪品的剥釉断面则一般是斜茬，断面不整齐，有人为痕迹。因为老瓷自然剥釉是由于胎釉结合不好或时间久远造成的，剥釉的周围还可以再剥。新瓷剥釉则是造假者在瓷器沿口上用各类刀具撬出釉层缺口或敲打出来的，剥釉的周围胎釉结合处还是比较坚固的。

8. 使用科技仪器作假：随着鉴定科技水平的不断提高，假货科技含量也有极大的进步。一

些专业人员的研究成果也被造假者利用，甚至变成了他们的造假秘方，这样烧制的"古瓷"很难鉴别。如针对目前国际鉴定瓷器和陶器常用的热释光技术，即通过观察器物在射线作用下的不同热释光的光谱来断定文物年份的这一科技鉴定手段，一些造假者发现使用X射线照射器物，可使热释光检测年份的技术发生偏差，其将作假器物在X射线下一过，1秒的X光照射，在热释光测试法下约相当于器物数百年的演变，致使这种高科技鉴定手段完全失去了权威。对此作假器物的鉴别，非一般常人所能识别，还需使用新的科学仪器来鉴定和破解。

第四节 紫口铁足

一、东窑抢宝与官瓷的"紫口铁足"

专家学者依据传世器物及有关历史资料考证和推论，在徽宗置窑烧制官瓷艺术作品的北宋官窑初级阶段，窑口当时不仅会聚诸多汝瓷大师，各道工序也基本为诸多身怀绝技的汝瓷工匠所掌控，致使北宋官瓷从制胎、配釉到入窑烧制，使用的几乎全部是汝瓷的烧造手法，所烧制的作品大多也是对汝瓷优秀工艺的继承和发扬，故而有北宋官瓷乃引入汝瓷制瓷精华之说。尽管梅花冰片的成功问世，在瓷釉和胎体的厚重程度上对汝瓷有相当的突破和超越，相较于以蝉衣纹细纹片著称的汝瓷是从未有过的奇迹，但工艺上乃至瓷釉配方的变化和烧成制度方面，最初均无变革的记载，包括第一代的梅花冰片作品，大多仍是汝瓷香灰黄胎体及满釉裹足支钉支烧的方法和工艺，未脱汝瓷传统制瓷工艺的窠臼。这里并非说汝瓷的配方和烧成工艺不好，不值得去效仿，恰恰相反，作为一代名瓷，那时汝瓷虽为徽宗所废，停止了其贡御的历史，但其仍不失为当时中国青瓷的佼佼者，不独有"汝窑为魁"（南宋叶寘《坦斋笔衡》）的盛誉，至南宋还"近尤难得"（南宋周辉《清波杂志》），十分稀有珍贵。关键问题是，徽宗于汴梁自置窑亲自烧造瓷器的根本目的，不是去复制被他自己弃用的汝瓷，而是去克服汝瓷自身无法克服的缺陷，使之富有一种庄重大气和雍容华贵的气质，以合乎国仪之用。徽宗自设官窑，本身就有自立门户的意味，他当然要自成一家，在真正意义上建成有别于民间窑口的官窑。这种豪气和傲气，是所有自命非凡的艺术大师们的自傲和自尊，更何况是拥有天下的徽宗。显然，泛白的胎体近似汝瓷，釉色也与汝瓷相近，支钉支烧的工艺又完全等同于汝瓷的烧制技艺，这等情形，无论如何是不能让徽宗心满意足的，这离徽宗至高的艺术追求当然还有相当的差距。故在对梅花冰片的新奇成就雀跃欢喜之余，徽宗已意识到亟待解决的艺术问题。堂堂一个帝王的窑口，又无成本之虑，怎能完全仿制汝瓷工艺而没有一点创新和超越呢？这当然不合自己的初衷。虽瓷釉的开片有所变化，层层相叠，是过去汝瓷没有过的，但釉色的变化还不丰富，没有在品类上达到至高的艺术效果。而要改变这一切，在借鉴和发挥汝瓷制瓷精华及优势的同时，如何创造更美好、更丰富的釉方和工艺，自然是徽宗最为牵挂的事情。

铁足

据有关东窑的一个口耳相传故事说，徽宗官瓷有别于汝瓷而创立自己"紫口铁足"之典型的艺术特征，竟与蔡京有关。传说徽宗大观年间，汴梁有一个陶瓷世家，主人姓王名照，祖上世代制瓷，特别在北宋王朝初建时，还因为受命为朝廷烧制琉璃瓦及屋脊装饰饰件等宫廷建筑用瓷，以甚高的艺术品质，受到宋太祖赵匡胤的褒奖和赏赐，一时名传乡里，为人所重。传至王照一代，陈留东窑随北宋王朝的发达与兴盛，制瓷事业乃至制瓷艺术均获得了巨大的发展，有东窑"七十一窑，八十二井"之盛誉，繁荣景象可想而知。王照涵泳其中，依托祖上所传，加之自己勤奋好学，且犹在瓷艺创新方面用功颇甚，其烧造艺术也更臻炉火纯青，已成为当时陈留东窑系甚有影响的陶艺宗匠。值得一说的是，此时东窑已由北宋初期大量烧制皇室建筑用材逐渐转为主要烧制日用陶瓷器皿及艺术瓷器，产品有了较大的变化，王照等东窑出类拔萃的陶瓷艺术家，理所当然地走到了前列，作品也成为东窑系艺术类的典范。据传，当时王照烧成一件方口铺首瓶，作品色呈冬青，釉质肥厚，紫口铁足，器品整体静穆的莹莹宝光更是纯净映人，堪为东窑不可多得的艺术珍品。尤为可贵的是，此作品瓶腹所饰两只虎头（铺首），经烈焰烧制，窑变得神奇莫测，从不同的角度和不同的光线下观看，该兽头便有不同的釉色变化，从青到蓝到黄到灰，其随日光变化而色泽百变的神妙，令人不可思议。具有这等变色特征的方口铺首瓶，已不仅仅只是个瓷器作品了，称其为神物异宝，也一点都不为过。蔡京听说王照烧制出这样一件宝物后，立即勾起了其品性中的贪念和占有欲。

据说，蔡京为了得到王照的宝贝，以巡察为由，亲赴东窑窑口。然而无论蔡京如何威逼利诱，王照拒不献宝。后蔡京多方打听，得知王照好赌。于是便设赌局，令王照倾家荡产，不得已以窑口相抵。王照气恨交加，竟因此寻了短见。

蔡京夺人所爱，况且又夺的是当时颇为知名的东窑宝物，这事自然很快传到朝堂之上。朝中耿介之士纷纷弹劾蔡京，痛斥其以无赖手段巧取豪夺，致人死于非命。徽宗自己置窑烧瓷在两难阶段，何况此事又是关乎瓷器，怎么也要见识一下这件瓷器究竟"宝"在何处。于是，他传旨让蔡京携东窑王照的方口铺首瓶觐见。蔡京故做诚惶诚恐状，对徽宗说："臣知陛下近来为了烧出更好的作品，不少费心血，这也是臣所朝暮牵挂的。臣打听到陈留烧出件好东西，便替陛下取了回来。这几天臣仔细研究了一下，觉得东窑瓷器作品的釉色和'紫口铁足'的特征还是有可取之处的，比汝瓷满釉裹足的支烧多了些变化，并可烧些大一点的东西，耐人品味。"

徽宗见蔡京如此说竟不再追究，只是敕令蔡京抚恤王照家属。引进和发挥东窑制瓷工艺来提升青瓷釉色变化的事项开始实施。自此开始，加深胎质颜色，并采取垫烧的方法，使东窑"紫口

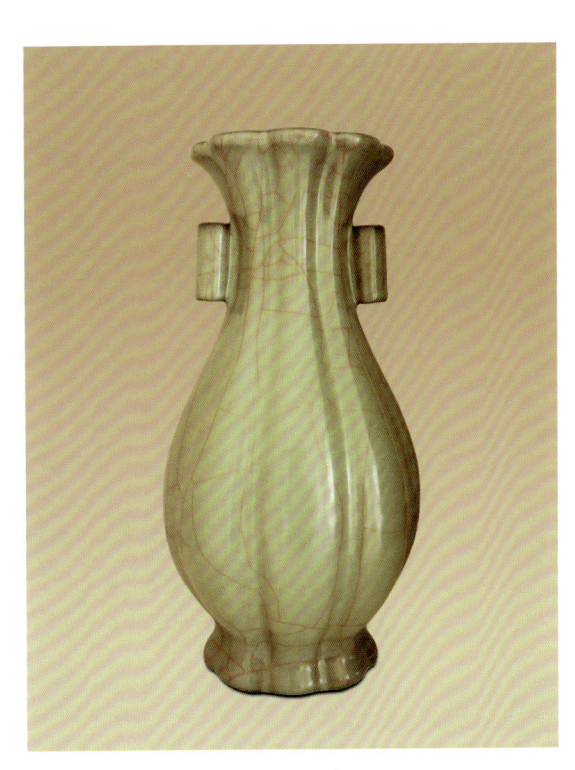

花口贯耳壶

六棱笔筒　　　　　　　　　　　　　　　　六棱投壶

"铁足"的艺术特征展现在北宋官窑的作品上，这一制瓷工艺才确定下来。所谓"蔡京东窑抢宝"传说固不可信，然而官瓷借鉴东窑的一些烧制工艺却多有可能，甚至从纷繁史料中亦能找到蛛丝马迹。

二、东窑与北宋官瓷"紫口铁足"的法缘

北宋官瓷突破汝瓷单一的青色，以"紫口铁足"的艺术追求作为变化，丰富和提升了中国青瓷的艺术品位。这个陶瓷艺术的个性发展，极可能是北宋官窑的窑工们在顺应陶瓷历史的进步和发展中，借鉴了当时东京陈留东窑的胎体配方和烧制技艺，来完善官瓷制作的一种艺术追求，其对推动中国青瓷艺术的发展有着极为重要的贡献。

据史料载，东窑创于北宋初年，是宋代北方著名窑口，亦称"董窑"。窑址在东京（今河南开封）陈留，初始主要烧制砖瓦，北宋中期，随着北宋王朝皇室建设的逐渐圆满，东窑已由北宋初期大量烧制皇室建筑用材逐渐转为烧制日用陶瓷器皿及艺术瓷器，产品有了较大的变化。《宋史职官志补正》有言："京东、西窑务，掌陶土为砖瓦器，给营缮之用。旧有东西二务，景德四年（1007年）废。""大中祥符二年（1009年），复置东窑务。"其记载了北宋东、西两窑务的职能和废止时间，可能因皇宫建设圆满，无须东窑再烧制建材而废止窑务，继而又因东窑烧制作品的转型及影响，大中祥符二年又恢复了东窑务的职能，这也说明了东窑在当时的发展和兴盛状况。因为此时东窑烧制的东青瓷亦被称为"东青器"或"冬青器"，较有名气，已成为我国陶瓷史上一著名窑口（系）。其作品胎骨细致，釉色淡青，并有深浅两种，浅者近似"汝器"，但无汝瓷的蟹爪纹，多紫口铁足。所憾的是，因战争荼毒及黄河水患等原因，至今仍未发现其窑址，故在考古发掘上一片空白。至于东窑作品的器型，文献

史料中也有较为生动的记载，言其烧制的器型有瓷印、狮鼓镇纸、菊瓣水中丞、天鸡壶等诸种民间日用器皿。其中天鸡壶下有一窍，为入水之口，不像一般水壶，从顶端注水，而是使用导管从壶底引水入壶，设置工艺之复杂以及制作之精良，实不同凡响。

关于东窑作品的艺术特征，明代学者曹昭（明仲）在他的《格古要论》卷下《古窑器论》"哥窑"条中提到，哥窑作品色青，浓淡不一，有紫口铁足，釉色上乘者与董（东）窑相似，言及哥窑与陈留东窑（即董窑）一样，具有紫口铁足的艺术特征。此记述明、清两代谈瓷笔记多有引用。如稍后一点的明代学者王佐于景泰七年（1456年）到天顺三年（1459年）历时四载增补的《新增格古要论》中，也有如是记述。此外，清代学者梁同书在《古铜瓷器考》中，在记述东窑釉色时，还特别与官窑器的艺术特征做了比较，其认为，董（东）窑作品，淡青色，细纹，多有紫口铁足，"比官窑无红色"，质粗而不细润。梁同书文中所谓"比官窑无红色"，应该指东窑器无官瓷通过专意做（染）线而呈现的鳝血纹。再有，清代蓝浦的《景德镇陶录》中，对东窑瓷器也有较详细的说明，其认为，东窑是北宋民窑，在开封陈留等地。其作品质地粗厚，呈淡青色，多紫口铁足，无纹，比官窑器少红润。在其深远的影响方面，东窑也颇有传承久远的艺术魅力，《景德镇陶录》为此还专作说明，到明清时，景德镇曾仿制东青釉，尤其是清代雍正时的御窑厂，仿烧的东青釉极为成功，因其烧制的釉色又与豆绿接近，故也叫"豆青"。民国学者郭葆昌在其陶瓷专著《瓷器概说》中也认为，北宋名窑最多，并举定、钧（窑建于宋初，在今河南禹州，其地有钧台，因名钧窑，至今尚存）、东（即东窑）、汝、官、哥、弟等窑为佐证。将东窑与当时诸名窑并列。

在青瓷的艺术风格上，东窑青器沉静雅素，

盘口瓶

梅瓶

朴和温润，不重雕饰，与耀州瓷、龙泉瓷包括临汝青瓷的刻花、划花等装饰艺术有着明显的区别。至于釉色，蓝浦在其《景德镇陶录》中特别将各类青瓷的釉色做了类比，说明了各自的不同特征。他认为柴窑、汝窑作品，其青近浅蓝色；官窑、内窑、哥窑、东窑、湘窑作品，其青则近淡墨色；龙泉章窑作品，其青色则近翠色；越窑、岳窑作品，其青则近缥色。从蓝浦的论述中可看到，他们虽同为青瓷，但非一类瓷种，釉色还是颇有差别的。而东窑、官窑的釉色同为一系，非常接近，我们从中当然不难体悟到二者之间的法缘及影响。此外，关于冬青瓷的釉质特征，苏轼的杰出弟子之一，与黄庭坚、秦观、晁补之合称"苏门四学士"的北宋著名诗人张耒，也有"碧玉琢成器，知是东窑瓷"的诗句，赞叹东窑美如碧玉的制瓷艺术。

至于东窑烧制所用燃料，《全宋文》载："（太宗）因召三司使谓曰：'朕富有天下，岂虑少缺，但念耕织之苦，每事不欲枉费，卿等宜尽心。'又时东窑务请以退材供薪。诏使臣阅视，择可为什物者，作长床数百，分赐宰相、枢密、三司使，因谓李昉曰：'此虽甚细碎，然山林之木，取之极劳民力，乃以供爨，亦可惜也。'"记述了针对东窑务请以退材供薪之事，太宗以体恤百姓耕织之苦的口吻，嘱托朝臣注意尽心节省，不要浪费。可以想见，由于东窑地在"京师"，缺少林木采伐供烧窑所用，因此东窑务官员请以其他机构用剩的退材为燃料。这段史实的记述，在客观上也说明了北宋初期（太宗朝）东窑务当时以柴为燃料，还没有使用煤。

尤值一提的是，蓝浦特别在《景德镇陶录》中明确记述，"汴"（今河南开封）为我国历史上陶瓷的主要产地，即便是青瓷策源地的"浙"（今浙江），尚在开封之下。蓝浦此说一方面源于东窑特别是其后崛起的北宋官窑至高无上的艺术品质及风范气象；另一方面也感慨于当时东京陶瓷产业制瓷技艺的发达以及对后世经久不息的影响。千百年来，开封民间也一直流传着陈留东窑"七十一窑，八十二井"之说，对开封历史上陶瓷业的光荣与兴盛不乏怀念和自豪。在传世实物方面，据台北"故宫博物院"的高古陶瓷藏品名录记载，该院收藏一只东窑烧制的荷口碗，墨青釉，紫口铁足，器物较朴拙、粗糙，典型的民间制作手法，以实物印证了古人关于东窑的历史记载。可见，东窑在当时实为一著名窑口，颇有影响，其瓷质相较官瓷虽颇粗厚，但因其以高铁黏土入胎，特别是其裸足垫饼垫烧的制瓷工艺，超越了汝瓷高铝胎质且满釉裹足支烧工艺的局限，故而烧制出汝瓷所不可能拥有的紫口铁足之特征。这一特征，对一直寻求超越汝瓷的艺术王者徽宗来说，不乏魅力，况且，东窑就在眼前，触手可及，去芜存菁而为己所用，自是不在话下，两窑共同的"紫口铁足"艺术特征，为当时中国青瓷所独擅，东窑和徽宗北宋官瓷传承之法缘，实不应有什么异议。令人痛心的是，在中国陶瓷史上始于宋代初期，号称"七十一窑，八十二井"的东窑窑群，也是在金兵灭宋之后，谜一样地与北宋官窑一道消亡，其窑址的考古至今无果，不知所终。

值得说明的还有，此时汴梁陈留盛产瓷土，还未因黄河多次水患而将瓷土深匿于地下，这方面不乏史籍记载。如明代著名学者宋应星编著的《天工开物》一书中，其记述中国瓷土产地道："凡白土曰垩土，为陶家精美器用。"文中罗列中国瓷土产地，开封榜上有名。清光绪三十四年（1908年）开始编纂的兼收百科、重在溯源的《辞源》也确认了汴京（今开封）为瓷土产地之一，时至今日，陈留较深处挖出的黏土，仍多呈黑红色，含铁量很高。这当然也可推知，立窑于陈留的东窑，就是因为自产瓷土而设窑烧瓷，并因为入胎的黏土含铁量高，而自然形成其紫口铁足的艺术特征。

北宋官瓷与其说是引入汝瓷的制作精华，其实还不如说是对东窑烧制技艺的直接汲取更为准确。前文已述，古人说陶，尤重釉色，官窑的釉色与内窑、哥窑、东窑、湘窑等同为一系，青釉近淡墨色，也即釉色较重，与柴窑、汝窑近浅蓝色（也即天青色）的青釉有相当大的区别，故北宋官瓷与汝瓷之间的联系，应该远不如同为一系的东窑更为直接。再者，正如《辞源》所言，北宋官窑取土自汴东、阳翟，与东窑用料为同一产地，胎料的配制不会与东窑有太大的差别，对东窑的技法有一定的借鉴和汲取。更为重要的是，见于"紫口铁足"陶瓷艺术特征之记载的，北宋官瓷问世之前，在中国陶瓷史上，也唯东窑一家，况且东窑本就在北宋官窑左近，触手可及，其和北宋官瓷传承之法缘以及对北宋官瓷的影响，实在情理之中。从烧制技艺上来看，东窑和北宋官瓷突破汝瓷单一青色的"紫口铁足"的典型艺术特征，首先源于二者所用瓷土有极高的含铁量，使得胎体颜色泛黑紫，这也是汝瓷低铁高铝的胎

皮囊壶

骨所无法求得的。汝瓷胎体正因为含铁量较低，故而才多粉白、灰白和洁白，胎色至多也不过灰中泛黄，即业内人士所称的"香灰黄"，与东窑及北宋官瓷胎体铁褐色的厚重感不可同日而语。在烧成方面，如后来的哥瓷一样，东窑和北宋官瓷顺应胎体高含铁量的配制，为强化瓷釉的窑变，使之更增自然色彩的变化，器物口部施釉较薄，微显胎骨，器足底部露胎无釉，并采用与汝瓷支钉架烧和支烧不同的垫子垫烧等多样装窑烧制方法，使作品经烈火烧制，器之口沿部位因瓷釉微微垂流，在薄釉下微露紫黑色，便是"紫口"。另一方面，基于胎体使用的黏土材料与汝瓷的不同，为满足作品的烧结温度，防止瓷釉粘垫子，东窑与北宋官窑器物足底不施釉，多采用裸足垫烧的工艺，因而胎体的氧化铁成分在高温还原气氛烧制下，呈铁黑色或黑红色等，此即为"铁足"。这一相对汝瓷极富诗意的"紫口铁足"的变化，在区别汝瓷满釉支烧、釉色素面无变化的同时，也使得器物愈显古朴庄重，最终便成了东窑及北宋官瓷作品最典型的特征之一。

于北宋官瓷而言，为使其庄重大气，适合庙堂礼器的审美，"紫口铁足"的艺术成果，虽然不是北宋官窑首创，但这一典型的艺术特征在北宋官瓷作品上的文化凝聚，充分表现出北宋官窑烧制者自身的文化素养及价值取向等，散射着北宋官瓷高雅的美学格调之光。从东窑青瓷到北宋官瓷，"紫口铁足"从不经意出现的自然艺术特征到唯美的刻意追求，不仅丰富和提升了当时整个中国青瓷的艺术品位，也极为强劲地推动了中国陶瓷艺术的个性发展，并直接影响了后来的南宋官窑、哥窑和龙泉窑等青瓷窑系，且被南宋官窑和哥窑传承下来。借此而言，北宋官瓷的艺术特色，在"器印青铜"的器型映照下，莹莹如玉的丰厚质感以及注重釉面纹片之美的"龟背片、鳝血纹"是一方面；突破素面青瓷单一釉色的"紫

铺首扁瓶

口铁足"更是必不可少，正是这些美的要素，才构成了宋官窑青瓷令人心仪不已的典雅和高贵。

当今北宋官瓷的烧制者，为追求"紫口铁足"的艺术效果，除对坯体口沿双向修薄，使其吸附力减弱，挂釉较少外，蘸釉后对口、足还需进行精心的修饰，每件作品须用湿海绵擦口（抹口），在烧制技艺上也颇费心血。为了使胎体色泽能呈现得更深一些，以利于釉烧时"紫口铁足"的特色更分明，烧制者十分重视胎料的含铁量，有时配制的胎体颜色近乎南宋官瓷的"金刚胎（黑胎）"，这样便使得作品在还原气氛的烧制下，"紫口铁足"的特征更明显，也更容易形成。当然，胎体颜色过深，一定要保证施釉的厚度，如果施釉太薄，往往掩不住胎体的本色，这就如画家在黑纸上作画一样。烧制出来的作品由于胎体的衬托，基本上都是偏蓝灰的油灰色，很难出现色泽纯正的粉青或翠绿，所以，如果配制高含铁量的胎体，则必须注意施釉的工序，要切实保证釉层的厚度。

【附】北宋官瓷的基本制作工艺

中国陶瓷的制作工艺，具有精湛的制作艺术和悠久的历史传统，按《景德镇陶录》言，其工序大项包括取土、练泥、洗料、镀匣、修模、做坯、印坯、碹坯、满窑、开窑、烧炉等23道工序，细分起来更是多达70余项。北宋官瓷作为陶瓷的一个种类，当然不能例外。这里所说的乃北宋官瓷的最主要的制作工艺，而非北宋官瓷制作的全部工序。

1. 胎、釉制工艺

胎、釉的制作工艺是烧制北宋官瓷（包括其他瓷器品种）作品的关键一步，特别是釉料科学的配方和制釉过程中的各种工艺参数，均直接关系到作品质量的好坏。其具体的工艺为：首先按胎料和釉料的配方准确下料，而后分别进行混料湿法球磨（这里均指注浆成型而非手拉坯，手拉坯用泥，球磨后还需经澄泥、脱水、拍打、揉搓等多道工序）。胎料的球磨时间一般在20~24个小时，釉料的球磨时间一般不低于24小时（因为釉料细度影响釉浆的均匀性、悬浮性和稳定性，最终影响釉色）。如球磨机球石的冲力小，可多磨几个小时，以浸釉后不在胎体上龟裂为佳，釉料越细越好。胎料、釉料出磨后，均需经过数次过滤，为保证泥浆和釉浆的均匀性，最好放置数天再使用。胎浆浓度根据季节气温的不同，一般控制在62~68波美度之间；而釉浆出磨后要经过过筛、强磁除铁后，一般至少要放置一天时间后再使用。釉浆浓度一般控制在52~54波美度之间。

2. 成型工艺

可根据现有的注浆设备，分别采用高位压力注浆成型或低位注浆成型的方法，将研磨好的胎浆注入各种造型的模具中。采用高位压力注浆成型，坯泥的含水量一般控制在23%~25%，注好后稍停即可脱模；低位注浆成型的方法，则无须要求胎浆过低的含水量，一般在62~68波美度为宜，然后只需将模具注满，并随模具的吸附不停地添加胎浆。脱模时间可根据器型大小及天气温度的具体情况酌定，一般在2~4小时。低位注浆成型的方法，作品的收缩较大，经高温烧制收缩率最高能达到17%左右，也较易变形，在制作模具时应对模具尺寸予以充分的考虑。

3. 接耳工艺

北宋官瓷不少器型都有耳，若要防止烧制出来的作品裂耳、掉耳或变形，应在器身与器耳脱模具有一定的硬度后，就进行对接，使其在烧成时尽量产生一致的收缩。这种随即接耳的工艺，即行内所说的半干接耳法，其相较干法接耳，烧成率有很大的提高。北宋官瓷粘耳所使用的泥浆，有自己独到的调制技法。以笔者的制作经验，调制粘接泥浆时，在充分控制好泥浆的黏稠性及较好的流动性的同时，一般还需在泥浆中兑入一定

三栖尊

比例的釉浆，并将其和泥浆调和均匀。这样调制出来的泥浆，不仅可增强粘接黏度，更重要的是，由于釉浆的作用，在高温烧制时，粘接部位的结合也会更牢固，有利于作品最后的烧成。

4. 修胎修釉工艺

为保证作品精到，脱模的胎体和蘸釉后待烧的半成品，先后均需经细心的修饰才可最后入窑烧制。胎、釉的修饰一定要采用清水擦洗，一些窑口图方便，往往一盆水用上一天，或一盆水用上几天来擦洗待修饰的胎、釉，致使水越用越浑浊，越用越脏。特别是施釉时，因其用水浑浊，擦洗后的坯体带有很多脏点，这样的坯体烧成后经常会出现缩釉、掉釉或针孔等缺陷，最终使其功亏一篑。若想尽量减少或有效地克服这些缺陷，必须用清水来擦洗和修饰。至于一些可用轮子修饰的圆形器皿，在用其修饰口和足时，一般使用"三刀修饰法"，其具体的操作规程是，先内圈一刀，再外圈一刀，最后一刀修平。

5. 施釉工艺

施釉是陶瓷制作至为关键的一道工序，直接影响到作品的烧成质量，操作时须精心为之，绝不能掉以轻心。施釉的方法很多，如喷釉、刷釉、淋釉、荡釉、浇釉、浸釉等，可根据情况来灵活应用，选择最适宜的施釉方法即可，无须拘泥。当下北宋官瓷的施釉方法基本采用浸釉方法，来追求作品的釉层厚度和平整光滑。对有耳类的作品，应先把器耳的釉施好后才能施器身的釉，这样可保证器耳与坯体的连接处不出瑕疵，烧成时也不会出现结釉或缩釉现象。另一点需要注意的是，无论采用哪种方法施釉，首先要保证胎体均匀上水；其次，要经常将釉浆搅拌一下，以防止釉浆沉淀、分层和产生气泡；再次，因北宋官瓷为追求釉层的肥厚，一般需要施三遍以上釉，一遍釉水干后，再施第二遍、第三遍釉。施釉前，最好经常用120目筛子将釉浆过一遍，施完釉后，一定要把釉缸盖好，防止粉尘污染损害作品的烧成质量。

6. 烧成工艺

北宋官瓷有其独到的烧成工艺和驭火烧成方法，其中，以瞬间氧化烧成法为其烧成的心髓。但这里所说的入窑烧成工艺，非指驭火之术，而是作品入窑的摆放。其实，关于作品入窑的摆放工艺，不仅是北宋官瓷的烧成，只要是使用还原焰烧成的瓷器，其入窑都须遵循大器在上，小器在下，上紧下松的摆放原则。这是因为，作品在氧化焰长时间烧制时，上面的温度高于下面，适合大器的烧成；"上紧下松"则不仅有利于窑内氧化焰、还原焰的转化，也有利于还原焰气氛的控制和瓷釉窑变的形成。

第五节 北宋官瓷作品的釉质

北宋官瓷在引用汝瓷的制作精华设置窑口烧造作品时，为了在多方面发展和提升青瓷的烧制

山字笔架

技艺，独辟蹊径，自创新面，当然是以对汝瓷及当时其他著名瓷种及著名窑系的汲取为创造前提的，这也是北宋官瓷横空出世的基础和根本，可谓占尽了天时、地利、人和。当然不可否认，徽宗本是个才华横溢的艺术大师，好古成癖且才识卓越，虽无治国的大智慧，但在艺术上的造诣却绝不在一流制瓷高手之下，何况还富有天下。如此，集当时制瓷技艺之大成，将其自置窑口的作品烧至精绝，应是顺理成章的事。窑口试烧初期即得与汝瓷薄釉区别很大的梅花冰片，已经把官瓷极其上乘的艺术品位奠定和确立了。脂肥釉厚、温润油泽的釉质，或许也只能出自不惜财力、物力和人力的帝王之手。这正如《周礼正义》所言："天有时，地有气，材有美，工有巧，合此四者，然后可以为良。"北宋官窑实具有如此先天的禀赋。在此之前，虽名窑辈出，群星灿烂，但真正能把中国青瓷烧得如此厚重、宝光莹莹的窑口，实为鲜见。包括被称为官瓷之源的汝瓷，为何蝉衣开片且釉色至高达致天青，原因就在于胎、釉的配比及烧成工艺。汝瓷能达到精美清新的美学高度，已彰显了汝瓷大师至高的制瓷工艺水平。这釉色清新的问题，也是汝瓷最根本的可取之处。不过，汝瓷釉水耐火温度低，易玻化，只能采用独特烧制的工艺来追求瓷釉的玉质感，但如此则难顾及胎、釉自身的坚挺和丰厚。水浅清淡，水深幽绿，这是人所尽知的自然现象，反映到瓷釉的品质上亦然。因为釉色的浓度，非过多地增加呈色的金属氧化物（含铁量）所求得，恰恰相反，在通常情况下，纵然增多其含铁成分，并不一定能得到满意的结果，反而会使釉色变成褐色或黑褐色，且还会使烧制的作品出现许多缩釉、棕眼、气泡、斑点等问题，特别是含铁量较高的胎体（非白胎），作品釉面更难以光滑完美地烧成。官瓷的制作者为了使青瓷的颜色变浓，首先在釉层的厚度上下手，厚厚地挂釉，加之恰到好处的气氛还原，才使得其釉色具有深厚和深邃的感觉。确实，不以绘彩描金为能事，完全依靠自身自然的如玉釉质和釉色之美以及如梦如幻的开片抵达瓷艺高峰的官瓷，对釉质宛如美玉的追求，实乃官瓷艺术品质的第一要素，故北宋官瓷素有"比德如玉"之说。因为玉所蕴含的文化品质，堪比君子，象征着纯洁、神圣、庄严和美好，其境界当然也是祭祀活动所追求的。

《荀子诂译》里记有孔子论玉的一段话，其道："夫玉者，君子比德焉。温润而泽，仁也；栗而理，知也；坚刚而不屈，义也；廉而不刿，行也；折而不挠，勇也；瑕适并见，情也；扣之，其声清扬而远闻，其止辍然，辞也。故虽有珉之雕雕，不若玉之章章。《诗》曰：'言念君子，温其如玉。'此之谓也。"儒家思想形象地以玉石喻示人的诸多美德，并将其视为君子理想的品格，当深为徽宗所重视，反映到置窑烧制礼器上，徽宗也确实有着如此的想法，其仿古青铜、玉器的初衷，不乏追求玉之美德的理想，也实成

立筋贯耳瓶

兽耳橄榄瓶　　　　　　　　　　　　　　兽耳花口扁瓶

为徽宗对制瓷艺术的一种根本向往。同时，在以瓷釉的玉质感为保证的前提下，为使作品更臻美好，北宋官瓷特别注重釉色之美，从梅花冰片釉色的天青、青绿到异峰突起的粉青、梅子青、炒米黄、油灰和月下白，在汲取各名窑釉料配比及施釉的精华技法和经验之上，心有灵犀，发挥自如。为了使釉质更臻肥厚和温润以达到自然呈色的目的，在严格的工艺要求下，北宋官瓷采取先素烧胎体，然后在精细坚密的胎骨上使用多次施釉的方法完成。素烧坯体的主要益处在于：首先，坯体经过960℃左右的煅烧，其所含的有机物质（杂质）和水分，大部分都挥发了，部分盐类在900℃以下也已经分解，这样在釉烧时，可有效防止因有机物和水分的提前挥发导致的釉面结釉、针孔、气泡、棕眼等缺陷，以致严重影响瓷器釉面质量的问题就会减少，这是提高釉面质量的重要措施。其次，素烧后的坯体基本已坚硬成陶了，其强度当然较泥胎坚硬得多，这对降低和减少施釉时胎体破损，以及创作薄胎作品，都极

有益处。同时，由于胎体素烧后吸水性明显增强，不仅能极大提高施釉的速度，而且可让胎体吸釉均匀，使釉面平滑光润，再者，坯体素烧出窑后，可在施釉之前发现各方面的质量缺陷，得以有机会将有缺陷的半成品剔除或对之进行修补，从而能提高釉烧的成品率。此外，坯体经过素烧不但可以提高施釉和装匣、装窑的速度，而且在坯体的搬运和循环往复的施釉中，也可以大大提高效率，节约人工。

素烧后，北宋官瓷施釉次数均在三遍以上，根本无须像民间窑口那样，为了商业利益最大化而精打细算地核算成本。因此，北宋官瓷内外釉层厚度的总和，往往等同或大于坯体的厚度，其质感如同堆脂，纯净莹澈，抚之如缎似玉，攥之隐隐出油，手感极为细腻光滑，其瓷釉色彩和色调也更为丰富。北宋官瓷在原材料的选择上，更是精益求精，胎料基本就地取材，主要以东京陈留本地所产含铁量较高的黏土为主，入釉的长石乃至玛瑙矿、釉药等，堪称尽择天下良材，所用

材料无不是优上之优的上上之选,这自然也是北宋官瓷天生的禀赋。从制作技艺角度而言,上好的釉用原料的选择,以及玉粉入釉,对提高釉浆的悬浮性,使胎体均匀吸釉,有着极大的益处,直接保证和提高了釉面烧成的质量。毫无疑问,这等举国之力且根本不考虑产品利润的审美创作,其对釉质的唯美主义的艺术追求,开拓并发展了中国青瓷釉质的艺术品位。艺术的美,唯在远离功利之后才更能绽放出它奇妙的光辉。

诚然,财力的保障以及唯美的追求,虽能担保官瓷可以在烧制条件上对厚重瓷釉予以尽情发挥,但其终究只能是一个外因,至为重要的,在于具体的釉料配比,合理的配方是可多次进行施釉工艺的关键所在。用现在的瓷釉理论来看,官瓷为了追求厚釉,解决造成无法多次挂釉和防止烧成时流釉情况的发生,经试验和创新,一改汝瓷的石灰釉(氧化钙成分较高)的配比工艺,使用石灰和石灰石(其化学成分主要为氧化钙和氧化钾、氧化钠等,其中氧化钾和氧化钠等碱金属氧化物的成分较高)作瓷釉的主要助熔剂引进釉中,制成了我们今天所说的石灰碱釉,用于北宋官瓷的烧制。其釉料配比和高含量地引入钠长石及钾长石的完美革新,以及对清新的汝瓷和朴拙的东窑制釉工艺精华的汲取和发扬,直接影响了北宋以后中国青瓷的配釉工艺,堪为中国青瓷一大技术进步。这里应该说明的是,除了碱土金属长石引用的不同,其实北宋官瓷与汝瓷配方最大的区别,更在于石英大比例的运用。完全与汝瓷高比例使用方解石的配釉技艺相反,北宋官瓷使用石英的比例往往高于方解石。低石英的釉料特点是高温黏度比较小,即在高温下易于流釉,汝瓷使用这类釉,其釉质一般都不敢施得过厚,否则就会发生流釉现象,严重影响作品的烧成,故汝瓷的瓷釉显得比较单薄。高石英釉的特点是在烧成温度范围内,愈至高温黏度愈大,克服了高温下流釉的缺陷,这样釉层完全可按徽宗的理想施得厚一些,使得器物的外观及瓷质显得庄重朴和,有益于礼器的造型和制作。故而,缘于二者瓷釉配比的不同,北宋官瓷在烧成之后,非汝瓷石灰釉那样寡薄和鲜亮,而是釉面表层会获得一种柔和淡雅的玉润光芒,乃至最终形成了官瓷温厚如玉的美好品质。

不过值得注意的是,原料中使用长石比例有一定的要求,一般在 50% 以上,若长石的含量过少,瓷釉中因缺乏玻璃质,则显得死板,缺乏韵味。故适当地加入长石,所烧成的作品才可达至半透明性的玉石质感。再者,长石在釉料中主要起助熔作用,可降低作品的烧成温度,因为长石中所含的不溶解于水的钠、钾等原料,为天然熔剂。但是钠和钾均属膨胀系数高的矿物质,钠、钾长石引入太多,釉面会造成细碎的开片,特别是钾长石,开片更碎,这也是哥窑大量引入钾长石的根本原因。

兽耳花瓶

北宋官瓷的制作工艺在20世纪80年代恢复以来，随着科技的进步，对作品温润如玉光泽的追求，也有着越来越多的技法，在专注于钠长石和钾长石的合理使用之外，在釉质的熔融和乳浊方面也颇下功夫。除笔者所在的开封北宋官瓷研究所始终坚持以纯矿石原料入釉外，当下开封其他烧制官瓷者，亦使用碳酸钡（$BaCO_3$）入釉。因碳酸钡在高温釉中不仅可作为助熔剂使用，而且还可使釉面产生亚光或无光质感，可有效地减少因釉面玻化而生成的贼亮浮光。只是碳酸钡生料有毒，在配釉、施釉及修釉过程中应特别小心，一定要避免由伤口或口鼻进入体内而对操作者造成伤害。再者，碳酸钡虽具消光作用，但作品烧成的质感不透，远不如纯矿石料那样温润剔透。

总而言之，得益于徽宗个人独高的审美情趣，以及皇家窑口最上乘的配釉技术、烧制技艺及质量监测等多方面的优越条件和因素，高屋建瓴的徽宗帝在全面提升青瓷的艺术实践中，其对瓷釉苦心经营和历史性的创造，终将北宋官瓷深厚且晶莹剔透的釉质推向了中国青瓷的巅峰。

第六节　北宋官瓷的器型源流与艺术成就

宋徽宗在文化艺术创作上，颇有王者风范，美学品味及修养实有过人之处。徽宗信奉道教，清静无为、超尘鸣世，一副世外高人淡泊功利的样子。这种自命清高的处世态度，对一个艺术家来说，却不失为一种大境界、大胸怀。徽宗不仅在汴京自置窑口烧制官瓷，对书法、绘画等艺术门类也不懈追求。通过自己的艺术实践，徽宗在诸多方面取得了极高的艺术成就。北宋官瓷烧制伊始，把这种美学风格体现在自己烧制的瓷器上，复古仿古，烧造国家神器以别于其他民间窑口瓷器世俗的功用性，是徽宗最根本的艺术宗旨。这

兽耳壶

里赘言几句，徽宗这一艺术宗旨，绝非笔者自以为是的想当然，有史实可为印证，从《宋史》及《宋会要辑稿》等史籍中，均可觅见端倪。据《宋史》载，北宋自宋太祖赵匡胤开国，便打破了中国历代统治者的传统作风，以务实的态度从事各项政治和经济改革，其后赵家登基的继任大统者，也多苦心经营，全力推动社会的发展和进步，致使北宋物质和文化蓬勃发展。尤其是1004年与辽国签订"澶渊之盟"至徽宗大观年间百余年，天下承平日久，物华天宝，可谓富庶天下。据有关资料显示，此时欧洲的大城市英国的伦敦、法国的巴黎、意大利的威尼斯和佛罗伦萨等城市的人口规模都远不及北宋东京。更令人感慨的是，当时宋代中国的城市就已经有施药局、慈幼局、养济院、漏泽园等福利设施，这是城市高级现代化的特征。所以说，宋代中国的经济、文化遥遥领先于世界。基于这等社会进步发达的境况，沉溺于诗酒之乐的宋徽宗，英气勃发，深感"功定治

成，礼可以兴"，为满足太平盛世对文明礼仪的需求，遂于大观元年（1107年）置议礼局，考订礼器的形制，并于大观二年（1108年）十一月下诏访求古礼器，敕命编撰《宣和博古图》，以备改造礼器的稽考和实践。《宋史》卷一六一记载："议礼局：大观元年，诏于尚书省置，以执政兼领；……应凡礼制本末，皆议定取旨。"记述了徽宗要求全面考察和探究礼器的形制及深意，以及由此开始了新修五礼的事业，后直至"政和三年《五礼仪注》成"，徽宗方才"罢局"，结束了"礼制本末，皆议定取旨"的稽考工作。借此而论，徽宗在汴京自置官窑，绝非一时心血来潮的个人喜好和个人玩乐，实乃朝廷追求规范礼器制作的一项大业，庄重而严肃，代表着国家的尊严，否则也无须专门设置新修礼器的机构了。《玉海艺文校证》中也记载："宣和元年（1119年）五月二十七日，诏诸州祠祭器令礼制局绘图颁降，依图制造。"言徽宗礼器，乃依照礼制局所绘图纸制造，称得上有典可依。事实也确实如此，徽宗制作和规范朝廷祭祀所用礼器的形制，在《宋史》《宋会要辑稿》《续资治通鉴长编拾补》《铁围山丛谈》等诸多史料和笔记中均不乏记载，其因缘在很大程度上，一如《续资治通鉴长编拾补》记述的那样，缘于徽宗认为当时"荐天地、飨宗庙之器"无一合祭祀标准，才发心要"革千古之陋，以成一代之典"，并祈"垂法后世"，乃至弃汝窑而自置窑口，并通过不懈的努力，终于成就了北宋官瓷合乎典范造型的这一制瓷大业。

北宋官瓷定制的器型，多仿秦汉乃至夏商周三代古铜器、玉器等名古器造型，且以议礼局资深学者稽考的《五礼仪注》和徽宗敕命编修的《宣和博古图》为蓝本，复古仿古，以烧造合乎典范的国家礼仪神器为根本追求。在这种方针和目标下，礼器的生产自然成为北宋官瓷最典型的造型风格，当然也是徽宗超凡脱俗的智慧和天才禀赋的结果。古铜器和玉器规整大气，棱角挺拔，古朴端庄，其求正不求奇的神韵，经由徽宗匠心独运的艺术实践，完美地融入北宋官瓷的艺术创作上。毫无疑问，气魄宏伟，圆润饱满，线形不张不弛，加之雍容典雅的宫廷风格，使得独具风范的北宋官瓷更彰显出皇室的尊贵和奢华，呈现出高贵的艺术气象、文化气质、文化品位和审美胸襟，这当然是其他民间窑口的瓷器造型无法比肩的，故后来其他窑口无论怎么努力地追仿北宋官瓷的造型，却总是不伦不类，不是多一分便是瘦一线，总也达不到北宋官瓷的大气和俊美，其根本原因就在于此。

明代学者高濂在其《燕闲清赏笺》中指出，官窑品格，大致与哥窑相同。呈色以粉青为上，淡白次之。纹以冰裂纹、鳝血纹为上，梅花片、黑纹次之。官瓷器型皆取法于商庚鼎、纯素鼎、葱管空足冲耳乳炉、商贯耳弓壶、大兽面花纹周贯耳壶、汉耳环壶、父己尊、祖丁尊等古礼器。他在评介了官瓷的釉色之后，还特意稽考和记载了官瓷典型器型制式，认为官瓷为仿古礼器之宝物，有典可依。也确实如此，北宋官瓷在造型式样上，以古神器为宗，如龙生子，法脉正传，主要传世器型有瓶、尊、鼎、炉、觚、彝、簋等非民间用品的款式，基本属皇室（朝廷）专用的器物。不过，润美如玉的瓷器终究不可能完全等同古铜器和玉器，古铜器和玉器上生动精到的异形神兽、仙草花鸟等纹饰图案，也非古朴的青瓷瓷器所能完美地表达，与其画虎不成反类犬，那就干脆舍弃对这些烦琐的形态和纹饰的模仿。

对厚釉几近过分的苛求，或许正是为了解决北宋官瓷不能太过于简陋这一问题，让玉润的瓷釉经受烈焰的炙烤之后，北宋官瓷最后幽深俏丽的自然开片的釉面，沉静典雅，平淡含蓄，终于成为自身天然的装饰，且以干净洗练的线条脉络，更加突出地表现出了北宋官瓷简洁饱满而又圆润

兽头冲天耳香炉　　　　　　　　　　　龙耳瓶

流畅的造型之美。在一些器物上，为防止过于呆板，缺少变化，官瓷在最大限度地保持作品完整形态的同时，恰到好处地饰以几道弦纹或装饰以简约大方的兽耳、铺首等，巧妙地加以点缀，使北宋官瓷作品在沉稳中又显灵动，且极其艺术地加强了胎体的筋骨，这便让胎体更加坚挺，结实。官瓷虽釉质厚重，胎骨神完气足，撑得起朴拙深沉的重量，经得起火焰长时间的煅烧，以至每件作品，或素面朝天，或筋骨挺拔外露，其随形变化，心物化一，洒脱自如，均达到了朴实典雅、清水芙蓉的艺术境界。毫不夸张地说，北宋官瓷以自身单纯简练而又古朴典雅的大气造型，开创了中国陶瓷史上一代崭新的美学。自其问世，便烙印着"重神韵，轻雕饰"、崇尚自然的美学理念和风格，成为典范，并以其非凡的影响力为天下陶瓷界高山仰止，也被后世陶瓷艺术家们所广为追捧。

值得赞叹的还有，北宋官瓷在礼器的造型外，虽不烧制或根本不需要烧制日常生活用品，但出于文人的情趣和爱好，在文房用具方面，徽宗匠心独运，设计出极为经典高雅的作品，其造型超尘脱俗，登峰造极，有着极高的艺术价值，故自成一大体系，是为北宋官瓷造型的又一大特色和亮点。北宋官瓷文房用具主要器型有山字笔架、笔筒、水注、水盂、臂搁以及尤适合烧制梅花冰片的各式各样的笔洗，诸如侈口、直口、敞口、葵口、荷口、花口、鼓钉、寿桃、兽耳、弦纹等，变化无有穷尽。正缘于徽宗别出心裁的艺术创造和发挥，北宋官瓷才终于将朴素简单的文房用具，塑造和提升到令人叹为观止的艺术高度，成为稀世罕有的文房至宝。当然，北宋官瓷的文房作品问世后，其他窑口自是不乏熙熙攘攘的追仿，但受工匠文化修养和艺术品位所限，千百年来，各窑口摩肩接踵的效仿者虽不计其数，所仿北宋官瓷的物件纵然可车载斗量，却难与北宋官瓷传世器物相较。烧制者对器物美感的体悟缺乏

小八棱贯耳壶

文化大家的情怀，其作品在造型流线艺术上的效果自然无法达到官瓷的艺术境地。时至今日，北宋官瓷的文房用具造型，无论是山字形笔架，还是简洁洗练的笔筒、臂搁、水盂（水注），乃至各种造型朴拙而艺术的笔洗，其典雅、大方的艺术造型，仍成为书桌文案上的第一神品。纵其他窑口惊叹于官瓷简朴、含蓄的艺术表现手法，为了其商业利益不断追仿，但却鲜有超越者。借此而言，仅就北宋官瓷冠绝天下的祭祀礼器和文房用具的艺术成就来说，即可从中体悟到北宋官瓷的基本性质：烧制礼器乃是为北宋王朝所用，追求的是国家祭祀礼仪的尊贵和庄严，这类作品为北宋官瓷的主流器型。烧制文房用具则完全属于徽宗个人的爱好，其作品也深蓄着徽宗个人的艺术智慧。而能把文房用具烧制到这种精绝的地步，完全按个人的喜好行事，除了徽宗倾国力设置并能够随心所欲亲自驾驭的窑口，还有哪个窑口能有这样的气度和洒脱？从一定意义上来论，北宋官窑虽以"官"名世，却更像是徽宗个人的窑口，

非但为徽宗亲自主持修建，其独高的艺术禀赋也蕴含其中，这正是北宋官窑有别于其他窑口的根本特点。基于这种因缘，可以说，鉴定两宋的官瓷，只要看鉴定的作品是不是礼器，造型是否规整，是否极具文化品位，便可断其是不是官瓷。若不合法度，非礼器大气典雅的造型，又不是徽宗极富文化品位的经典的文房用具，无论是什么样的瓶瓶罐罐，都可先将其剔除出官瓷之圈，根本用不着再去考量其什么釉色、釉质和工艺了。北宋官瓷有《宣和博古图》为依据，几乎件件有典，不仅标准、规范、规整，且极富深意，否则何以称"新成礼器"呢？当下古玩市场充斥着各类假冒传统作品的赝品，让人眼花缭乱，唯北宋官瓷鲜有作假的器物现世。终其原因，在于北宋官瓷作为帝王使用之物，代表着帝王和朝廷的皇权道统，历史上非但在市场从不买卖流通，在国用之物的意义上，也绝不可能将其随便作为殉葬物品，故千百年来也从未有过墓葬发掘的个例。即使有想造假者，只要了解官瓷的创世出身及使用和收藏范围，必会望而却步，不敢拿赝品随便流入地摊去炒卖。就是真的官瓷传世品，其身世也需要有清晰的来历，要有明晰的传承谱系，更遑论什么存疑的赝品了。有句北宋官瓷谚语："识得官瓷面，江山坐一半。"珍贵难觅的北宋官瓷，若非当时的皇族后裔，祖上又非两宋卿相名臣，恐难染指。这里值得一提的是，乾隆帝也有"宣和书画曾经伴，南渡兵戈幸未亡"之诗句，其对徽宗官瓷经历国破家亡的战火摧残，还能硕果仅存地传承到他的手中，有着颇为庆幸的感叹，如此珍罕的易碎之物，确实也非常人所能见。

第七节　王者之瓷　社稷神器

清代许之衡在其《饮流斋说瓷》一书中言"吾华制瓷可分三大时期：曰宋，曰明，曰清"，

并基于宋代五大名窑等难以逾越的青瓷制瓷工艺水平和成就，心悦诚服地将有宋一代排列为中国陶瓷史上第一个全盛时期。其实何止于此，在我们今天心怀敬意地仰望宋代五大名窑的艺术高峰时，宋代手工业发展迅猛，制瓷工艺更臻精湛，传世作品达到了登峰造极的境地，固然是深值得赞颂的一个方面，但与之相辅相成且尤具特色的是，自北宋始，出现了前所未有的朝廷自置、内府监管（制样）、大匠造器、兵士供役，专门为宫廷烧制非商业产品的窑口。这种毫无商业功利、纯粹以达到追求精美陶瓷艺术品为根本目的的窑口，不独将中国高古陶瓷的制作艺术推向了巅峰，在中国陶瓷发展史上，其唯美主义、非功利的艺术实践和追求，有着划时代的重大意义，成为后世陶瓷官窑制度的典范和滥觞，而开先河者就是北宋官窑。

在徽宗设置北宋官窑之前，出现了定窑、建窑、汝窑、耀州窑、钧窑等诸多带有贡御性质的窑口，且声誉卓著，享誉天下，代表着当时陶瓷艺术的最高成就，史籍也不乏记载。南宋叶寘在其《坦斋笔衡》中就曾言道，"本朝以定州白磁器有芒，不堪用，遂命汝州造青窑器"，直接申明且确认了定、汝两大名窑身负朝廷敕命烧制贡瓷的身份。但这些窑口，也正如叶寘所言，不过只是"承命"烧制贡御瓷器而已。因其在"承命"为朝廷烧制贡御瓷器的同时，还要烧制大量的民用瓷器，参与正常的商业活动，以保障其窑口的利润，达到追求产值的目的。说到底，这类窑口，只能是"贡窑"而非真正意义上的"官窑"。为此，南宋学者周辉在其《清波杂志》一书中也专门记述道，"汝窑宫中禁烧，内有玛瑙为釉。唯供御拣退，方许出卖"，无疑已说明了这些烧制贡御瓷器窑口的根本性质，朝廷对其直接控制不假，但其本来身份还是民窑，要注重商业利润，烧制贡御瓷器只是其生产活动的一部分，更多的产品待"御拣退"，还要拿到市场上去换银子，其性质也即史书上所称的"民代官烧"或"官搭民烧"。所谓的烧制御用瓷器亦即"贡御"的色彩和荣耀完全是受朝廷之"命"才禀赋的，这与徽宗按照自己的设计、亲自指挥烧制瓷器艺术品的北宋官窑，以及后来南宋"袭故京遗制"，所创建的修内司官窑和郊坛下官窑，有着本质的区别。因为这三个官窑设置的目的，就是不惜成本地生产包括御用瓷器在内的国家礼器，以供朝廷自用，除此之外不承担任何民用商品的生产，是为纯属官办的，也只为朝廷烧制产品的，是被皇帝个人和朝廷垄断的。

基于官窑的这种特性，北宋官窑鹤立鸡群的身份和地位是显而易见的，非民窑包括承命烧制御用瓷器的各名窑口所能与之相比。尤其在瓷器作品的设计制作上，官窑专为皇室（朝廷）礼仪需求和文化品位服务的宗旨，就决定了它不会如民窑那样，为了利润而必须考虑成本和销路，或考虑是否能为大众所接受，完全不用理会艺术创作之外的任何事物，只需穷尽其能、发挥才智即可，根本不存在什么值得担忧的销售市场、利润、成本以及生存问题。故从选料到制作再到入窑烧成，精益求精，不惜财力、物力和人力，采用最好原料用于生产，追求至高的艺术境界，北宋官瓷更有着穷奢极侈的表现。而在这样无上优越的条件和创作环境的担保下，巨匠云集的北宋官窑窑口自是有着惊世的作为。其作品不仅造型规整，庄严大气，制作精美，品质优良，也将青瓷的制作技艺，包括釉料配制、工艺质量及审美意趣等，提升到一个崭新的艺术高度，洋溢着雍容华贵的皇家气韵和大气典雅的美学品位，无与伦比，堪为天下之冠。其实，有徽宗这个才子君王举国家之力亲自主理，北宋官窑在宣政风流的合唱中，若没有美妙高亢的音色，烧制不出高于为生计而忙碌的民窑的作品，那就不叫北宋官瓷了。从这个意义上说，北宋官瓷堪称帝王之瓷，代表着中国陶瓷的经典艺术和皇权道统文化。

从窑口的性质而论，北宋官瓷乃徽宗也即朝廷直接控制，仅为满足皇室的需要和徽宗个人对瓷器更高的审美要求，在烧制产品上远非一般窑口那样有大规模成批烧造的能力，只是根据朝廷的需要和徽宗个人的兴趣，在向经典方向努力和追求的同时，时烧时停，不断调整，作品极为精少，罕珍难求，加之其作为专供朝廷礼仪活动之用的性质，毫无流向民间的机会。不要说普通的商贾市民，即使当时为官朝廷的股肱之臣，非君王所赐，也是求之不得，故其艺术特征及高贵品位难为一般藏家所知，以至后世有人认为北宋官瓷不如被其弃用的汝瓷，也就不难理解了。清代学者陈浏在其《陶雅》一书中也道，"宋官窑者绝不经见，世人罕能识之者"，说明了北宋官瓷的罕珍和稀有，是仅见于宫中，为世代相传的宝物，世人罕能一见。现存的北宋官瓷，基本上都源于清宫，绝大多数收藏在北京故宫博物院和台北"故宫博物院"。据有关资料统计显示，其总数不超过50件，海外虽有几家著名的博物馆零星收藏几件，大多是当时八国联军侵略中国的强盗行为所致，纯属赃物。在这种情形下，北宋官瓷的艺术品位和尊贵价值可想而知。

其次，因为北宋官窑完全为了社稷祭祀等国家礼仪以及徽宗个人的文化爱好和添彩皇宫的华贵、庄严而建置，所以烧制的瓷器在造型、装饰等工艺方面，高度体现着皇室极高的审美意趣，严格按照宫廷设计的操作流程及样式进行烧制，作品基本上仿青铜器、玉器等古朴典雅的造型。因而北宋官瓷作品极富宫廷用器的庄严色彩，多为社稷之礼器，尊贵、端庄和大气，与民间窑口所烧的日用瓷器迥然有别，内在的文化含量和气质胸襟也是民间窑口追仿不像的，更说不上民间使用的问题了。当然，也正在于朝廷控制的严格

和严谨，北宋官窑绝不会像民窑商品那样生产，大兴竞争、大量烧制，以至熙熙攘攘像赶会那样去抢占市场。故相较之下，北宋官窑规模可谓小之又小，存世时间（从徽宗大观元年设置议礼局算起，至北宋灭亡也不过20年左右）也紧附于王朝的基业，成、住、坏、空全随北宋之兴灭，这在客观上造就了其流星般耀眼而又短促的命运。虽光彩照人，但转瞬即逝，更加之其作为国礼之用，在当时不会任由各窑口窑系随意仿制（直至南宋才出现民间仿品，如龙泉、钧瓷等窑口窑系），且出于朝廷制器的尊严，非精品全部加以毁弃和深埋处理，使得瓷片在民间也很难找到。因此，北宋官窑作品纵独具风范，冠绝天下，为王者手笔和社稷神器，因其烧制时间的短暂、传世器物及资料的稀少和至今未见窑址等因素，为人留下不少谜团。这让后人在解读和仰望北宋官瓷这座巍峨的艺术巅峰时，不能不存有许多遗憾和惆怅，乃至产生许多误读及有违客观事实的臆测。诸如官瓷不如被徽宗弃用的汝瓷（在未有官瓷时的确汝瓷为魁），以及汝瓷就是官瓷的假说等，均是对北宋官瓷不了解所致。

再者，作为北宋唯一的皇家窑口，借用皇权的力量和帝国的金字招牌，为达到更高的艺术水平，北宋官窑会理所当然地拥有当时最高的烧制技艺，注定不乏超一流的陶艺匠人，况且徽宗本人就是一位稀世罕有的艺术奇才。此外，以国库财力之雄厚，北宋官窑自设置之始，便不同于其他窑口对制瓷成本的算计和苛求，其配釉的原料，包括辅助的玉石、翡翠、玛瑙等矿石，无不是上上之选。与汝瓷作品瓷釉对照，北宋官瓷在着釉上，为增加瓷釉肥若堆脂的玉质感，均数次施釉，哪里会算计什么釉浆的成本和工本？作品温润如玉，才是其最高所求。毫无疑问，上好的原料、经典的造型、精到的工艺，以及一流的匠人，对完美作品烧成的保证和助益是无以匹敌的。北宋

小扁壶

官瓷釉色幽雅沉静、意蕴深远的美感，以及釉质温润莹澈、肥如膏脂的朴和光芒，乃至大小不一、深浅各异的冰裂纹片，均不乏宝石、玛瑙潜在的光辉和神韵，这也是只作为承命烧制贡御器皿的窑口（如汝瓷等）无法与之攀比的美好事物。可以说，徽宗北宋官瓷造型庄重古朴，釉色润美如玉，纹片冰裂如波，乃至口沿微微泛紫，足底褐红如铁等清籁幽韵、趣雅拔俗的典型艺术特征之形成，徽宗的美学思考和大师们深厚功力的制作技艺是一方面，上好的釉料配比及珍贵的辅佐性原料的不吝使用也是必不可少的。后世许多仿造者一直未能超越北宋官瓷的艺术高峰，或者不能抵达北宋官瓷的精美品质，主要原因在未谙北宋官瓷烧制技艺精髓的同时，也多出自釉料配制的选择和不吝使用上——"官窑瓷器玉为泥"——此言非虚。

第五章

当代北宋官瓷的研究与恢复

宋代以降,两宋官窑三段式的『国有』制瓷作坊,即中国陶瓷史上以『官瓷』之名特指的两宋官瓷窑口,先后为战争所覆灭,不复存在。尽管明清时期,或帝王或民间的窑口业主,在心怀钦敬地仰望两宋官瓷……

第一节　当代北宋官瓷的恢复过程

宋代以降，两宋官窑三段式的"国有"制瓷作坊，即中国陶瓷史上以"官瓷"之名特指的两宋官瓷窑口，先后为战争所覆灭，不复存在。尽管明清时期，或帝王或民间的窑口业主，在心怀钦敬地仰望两宋官瓷登峰造极的艺术之光时，对官瓷也不乏倾心的追仿，敕命或借助自己窑口的便利，对官瓷的釉色、质感、造型等艺术特征进行全面的仿造，间或也烧制出一些非常接近两宋官瓷品质的作品，但终究人事已非，各种小范围的仿造，实无法把恢复官瓷作为窑口的正业，故已不可能再有两宋官瓷纯正的血脉、规模和艺术追求，更谈不上官瓷的振兴了。尤其是徽宗的北宋官瓷，因年代久远，工艺失传，又出自北宋艺术王者徽宗在中原亲自主持的窑口，艺术品位之高也实非一般人所能及，至今又不见窑口遗址，加上传世品凤毛麟角，没有特殊的机缘很难见到，仿造起来自然更是困难，以至逐渐零落到无人问津的地步。这一状况，使得北宋官窑一如其他一些只存在于史料记载的窑口一样，只闻其名而难见其实，其作品除了收藏在紫禁城的皇宫内，民间基本无以寻觅。清代学者陈浏在其《陶雅》一书中关于"宋官窑者绝不经见，世人罕能识之者"的感叹，的确言之不虚，想看一眼已经绝非易事，更遑论什么比照去模仿烧制了，稀世罕有的北宋官瓷终于令"世人罕能识之"，的确是不争的事实。

中华人民共和国成立后，国家为了恢复、发展和保护陶瓷艺术，传承和弘扬中华民族传统的制瓷工艺和制瓷艺术，组织各地的陶瓷工匠和艺人，发掘当地的制瓷技艺，相继进行全面的公私

小鹅颈杯

合营改制或投建国营窑厂，并投入大量的人力物力，对我国享誉世界的陶瓷事业进行恢复建设，特别是对作为高古陶瓷的官、汝、哥、定、钧宋代五大名窑国宝级烧制技艺的抢救，更有政策上的倾斜和资金上的扶持及照顾。宋代五大名窑，堪称中国陶瓷史上一座辉煌的艺术丰碑，在国内外享有崇高的声誉，是中华民族宝贵的科学技术和文化遗产，在真正意义上代表着中国的陶瓷文化。五大名窑中除哥、定二窑外，官、汝、钧三窑均在中原。钧窑因法脉绵传，在中华人民共和国成立后即得恢复生产，且逐渐发扬光大。汝瓷（除天青釉）在20世纪70年代也已恢复成功，唯有北宋官瓷因失传年代久远，制作及烧制技艺复杂，恢复难度很大，且没有发现窑址，因而长期以来无人问津，虽跑窑口的实践派专家如陈万里、冯先铭等先生均肯定北宋官窑的切实存在，但基于官瓷稀有罕见的客观原因，也谈不上什么恢复的问题。不过，纵然如此，那时却还没有出现背离文献记载、颠覆中国陶瓷史的诸如什么"汝瓷就是北宋官瓷"和"汴京官窑（北宋官窑）根本不存在"等惊世骇俗之说，国家和地方始终视北宋官瓷为开封一光灿史册的重要瓷种，是中华民族最优秀的传统文化遗产之一，渴望着能予以

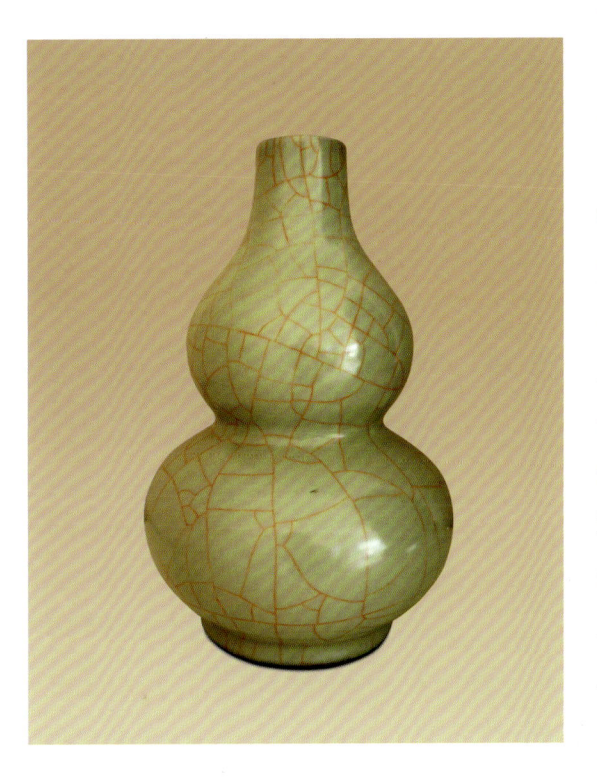

小葫芦瓶

尽早恢复。学术界也一致认为，南宋叶寘的《坦斋笔衡》和顾文荐的《负暄杂录》对政和或宣政年间"京师自置烧造"官瓷的记载，乃至"中兴渡江，有邵成章提举后苑，号邵局，袭徽宗遗制，置窑于修内司造青器，名内窑，澄泥为范，极其精致，油色莹澈，为世所珍。后郊下别立新窑"等法脉清晰的传承之说，加之传世品的映照，无不说明古城开封就是北宋官瓷的故乡。因而在原产地开封研究恢复北宋官窑青瓷，可以说是理所当然、众望所归，这不仅具有重要的历史意义，而且也是时代赋予开封这座历史文化名城的崇高使命。

开封市工艺美术实验厂于20世纪70年代初也有恢复宋官窑青瓷的设想，并于1974年，由开封当代工艺美术的奠基人和创始人高菊德先生主持建置了烧制技艺陶瓷的窑口，开辟了开封烧制瓷器的新历史。为何称高菊德先生为开封当代工艺美术的奠基人和创始人呢？实缘于先生对当代开封工艺美术建设的独特贡献。先生1955年与同人共同创办开封市乐器厂，先任副厂长，1959年任厂长；1964年任开封市汴绣厂厂长期间，创办开封市汴绣研究所，并任所长；1972年在开封市工艺美术公司任技术科科长时，创办开封市工艺美术实验厂并任代理厂长，其厂名也为高菊德先生所起；1976年创办开封市工艺美术服务部，在当时先生能率先把工艺美术推向市场，服务百姓，可能在全国范围内，也是少有的，这一点也足见先生的眼光和魄力；1979年先生又创办开封市工艺美术研究所，并任研究所所长。基于高菊德先生与当代开封工艺美术的非常因缘，称高菊德先生为开封当代工艺美术的奠基人和创始人，实乃一点都不为过。

话说回来，高菊德先生设置窑口，燃起了现代开封烧制瓷器的第一把炉火，其后在先生的操持下，开封市工艺美术实验厂一方面烧制艺术瓷器和日用瓷器，探索和总结制瓷工艺，着手准备恢复北宋官瓷的工作；一方面为了开封北宋官瓷故乡的荣誉，不断地向上级有关部门阐述恢复宋官窑青瓷的设想，并提出在开封恢复宋官窑青瓷的请示和方案。不过，尽管高菊德先生事必躬亲，倾尽心力，一直心怀美好理想，坚持不懈地向上级主管部门提出申请报告，但终因资金等问题，恢复北宋官瓷烧制技艺的事业还是被搁置下来。1979年年底，在国务院副总理余秋里的直接过问下，宋官窑青瓷的恢复工作终于提到了议事日程上。1980年国家经济贸易委员会领导受余秋里副总理的委托，电话询问河南省第二轻工业厅，听取了河南方面关于恢复宋官窑青瓷的具体情况及工作汇报，并要求其尽快制定出恢复宋官窑青瓷烧制技艺的可行性方案。1981年，国家计划委员会和经济贸易委员会批准了由时任开封市工艺美术实验厂厂长王清林先生起草并提交的开封关于恢复宋官窑青瓷的立项报告，下发了《仿宋官窑研究试制》项目文件，确认在开封恢复官窑青瓷有极其重要的意义，并积极运作和协调，协同轻工部工艺美术总公司共同为项目顺利开展筹集科研资金。在王清林先生的奔走下，至1982年，国家计划委员会、经济贸易委员会、轻工部工艺美术总公司及河南省工艺美术公司等有关单位，当时先后三次，共拨出130万元巨款作为专项资金，用于在开封恢复宋官窑青瓷的科研项目。此前国家还没有对恢复哪个瓷种投入这么多科研经费，以及花费这么多精力，可见对恢复北宋官瓷烧制技艺的重视。河南省、开封市各级领导和主管部门对此项工作也高度重视，在立项获得国家批准后，立即组建"恢复北宋官瓷领导小组"。领导小组责成开封市工艺美术实验厂组成试制组，抓紧时间开展研究恢复工作。赵国琳厅长在动员会上鼓励参与试制工作的全体人员下定决心，要有崇高的荣誉和抱负，恢复官瓷，为振兴中华做出贡献！1981年9月，在各级领导的关怀下，开封市工艺美术实验厂试制组组成，在高菊德先生奠定的制瓷基础上，且由高菊德先生任试制组首任组长，研究恢复宋官窑青瓷的工作正式开始。

北宋官瓷代表着我国青瓷艺术的最高成就，它卓绝的制作技艺、高雅的艺术风格绝非一般瓷器可与之相比，在当时就无出其右者，是为宋徽宗集各窑口制瓷精华所成就的绝世创作，为历代陶瓷界贤达所高山仰止，影响深远。清许之衡《饮流斋说瓷》就有"官瓷重楷模，精华四海萃"的高度赞誉，对官瓷荟萃四海精华的艺术成就给予了极高的评价。开封市工艺美术厂虽有从事一般艺术陶瓷生产的基本知识和经验，但对青瓷，特别是北宋官瓷的烧制缺乏最基本、最起码的知识，若想一蹴而就，一举恢复失传近千年的宋官窑青瓷烧制技艺，几乎是不可能的。试制组一无资料，二无技术，试制工作困难重重，经由高菊德先生提议，决定试制工作首先从认识入手。参与试制攻关的技术人员，先后翻阅了近百万字的历史资料和文献；在对宋官窑青瓷有了初步的认识后，试制组成员又赴南京、杭州、北京等地，分别拜访了南京博物院、浙江美术学院、中国工艺美术学院、北京故宫博物院等高等学府、收藏机构以及一些相关的学术和科研单位，收集和聆听了邓白、冯先铭、刘伯坤、李毅华、傅振伦、叶喆民及李国桢等一大批专家学者对两宋官瓷的研究成果及其精辟见解。此间，邓白先生还以自己的经验和高深智慧，特别为开封官瓷试制组设计出窑炉的建造图纸，无偿赠予试制组，唯希望早日看到恢复官瓷烧制技艺项目的成功。令人感动的还有，试制组成员拜访古陶专家冯先铭先生时，冯先生对恢复宋官窑青瓷深感激动和快慰，为支持试制工作，先生高风亮节，将自己几十年呕心沥血悉心收集的有关历史资料和学术心得毫无保留地交给试制组的来访人员，以期有助于试制工作的顺利进行。通过参观访问，试制组对收集的史料进行梳理和整理，编汇了《汴京官窑历史资料汇编》一册，渐渐地对官窑瓷器有了较为清晰的认识，明确了从汝窑（包括开封东窑）到北宋官窑再到南宋官窑的承袭关系，同时也拟定了恢复试制的指导思想和具体实施方案。

中国科学院上海硅酸盐研究所曾对汝瓷、南宋官瓷及龙泉青瓷系进行过全面研究，并对南宋官窑瓷器进行过详尽的化学成分分析，在学术和科研上均取得了丰硕的成果，是当时中国青瓷系最权威的科研单位之一。为了取得科研单位的帮助，加快工作进程，早日完成恢复北宋官瓷的科研项目，1982年3月，通过国家计划委员会、国家经济贸易委员会及河南省第二轻工业厅的协调，开封市工艺美术实验厂和中国科学院上海硅酸盐研究所签订了技术协作协议，共同联手进行宋官窑青瓷的恢复工作。其后，上海硅酸盐研究

小方觚

小贯耳瓶

所在研究资料、化学成分化验等方面为试制组提供了很大的方便和技术支持，做了大量的工作，对宋官窑青瓷的研制和恢复，起到了极为重要的推动作用。研究所的著名陶瓷专家郭演仪先生还不辞劳苦数次北上，到开封市工艺美术实验厂，亲临试制现场，对试制组进行技术指导，并对试制工作提出了不少好的建议，促进了试验工作的顺利开展。上海硅酸盐研究所和其科研人员的通力协助及无私的帮助，尤其是在科研上有求必应地为试制组进行化学成分分析，以详尽的、准确的科研数据，及时纠正试制工作的技术偏差，为宋官窑青瓷的成功研制和恢复提供了至为关键的科学技术保证，为恢复北宋官瓷付出了大量劳动和心血，对开封同人给予真诚的支持和援助，堪称功勋卓著。

试验工作的第二步是寻找适合制作官瓷的原材料并学习和借鉴兄弟窑口的制瓷技术和经验。依据历史记载，试制组技术人员有目的地先后赴禹县（今禹州市）、临汝（今汝州市）进行大量的实地调查和勘察工作，跋山涉水，查看矿源，走访当地烧制瓷器的老工匠、老技师和老艺人，悉心听取和学习他们的制瓷经验，使自己对瓷器的烧制及材料的辨识和选择，由陌路到烂熟于心。特别是高菊德先生，为查看矿源及汝瓷、钧瓷的古瓷片，心怀使命，不计寒暑，一个水壶一袋干粮，跑遍了临汝（今汝州市）、宝丰和禹县（今禹州市）当时考古发掘出的全部古窑址。调查和勘察过程中，试制组工作人员忠于使命、不辞劳苦，兄弟厂家鼎力相助，卢正兴、刘富安、晋佩章等著名瓷艺大师也给予了大力支持。其中，尤值一提的是，为加强试制组的技术力量，卢正兴先生及其助手王德旺先生还应聘专门从禹县（今禹州市）赴开封，参加了北宋官瓷研制和恢复的全部工作，两位大师以严谨的工作风范和丰厚的制瓷技艺，在开封工艺美术实验厂一干就是四年，为宋官窑青瓷的成功研制任劳任怨，尽心尽力，

小海棠花觚

直至北宋官瓷恢复成功，烧制技艺通过国家的鉴定，两位大师功成身退，默默地从开封回到故乡禹县（今禹州市）。高菊德为之对笔者感叹说，卢正兴称得上是整个开封官瓷人的恩师，开封官瓷的恢复，如果没有卢正兴，不知还要走多少弯路。令人痛惜的是，卢正兴大师为宋官窑青瓷烧制技艺的恢复倾尽了自己的心血，积劳成疾，回乡不久便身染重疾，于1987年病逝。笔者但愿北宋官瓷有朝一日能够发扬光大，开封官瓷人能永远记住这位盛德谦光、令人敬仰的大师。

在学习他人制瓷技术和经验的同时，在材料取样方面，高菊德先生率试制组成员，先后取土、石样达五十多种，以及各时期的青瓷古瓷片，并送请上海硅酸盐研究所化验了部分样品，借此取得了第一手资料和重要的科学数据，为宋官窑青瓷的研制和恢复打下了坚实的基础。

1982年3月实验工作正式开始，至同年6月百余天的时间里，试制组成员齐心协力，任劳任怨，在完全靠手工计算的情况下（那时还没用上计算器），实验胎、釉配方近百个。同年6月中旬，在大家的共同努力下，高菊德先生的4号配方小样，终于烧制成近似北宋官瓷的作品，将试制工作带向成功之途。在高菊德4号釉方的基础上，试制组广泛征求各方面的意见，经过不断改进和完善，同年8月，又经数窑成品烧制，试制的胎、釉配方基本确定。9月中旬，试制组成员携带试制的作品赴省工艺美术公司汇报，继而进京向轻工部工艺美术总公司汇报。在京期间，李国桢、冯先铭、叶喆民、高建新等专家给予试制组极其宝贵的学术指导，专家们对试制组取得的成绩予以充分的肯定和褒奖，认为试制组烧制的作品釉色、纹片、光泽及玉质感均较好，已十分接近北宋官瓷的传世品，只是胎色略显浅淡。中央工艺美术学院叶喆民教授特别指出，釉中"聚沫攒珠"的出现，说明釉的配制和烧成工艺已有相当水平，希望试制组能精益求精，更上一层楼，解决好釉料配比以及还原呈色的技术问题。同年11月，借助国际古陶瓷会议在上海召开之际，受上海硅酸盐研究所郭演仪先生的特别邀请，试制组成员在高菊德先生的带领下，又带作品奔赴上海，请教于参加国际古陶瓷会议的中外专家，并在学术盛会上第一次展示了研制和恢复的宋官窑青瓷作品。看到北宋官瓷的恢复，与会专家、学者无不感到快慰，称高菊德等试制组的成员为大会带来了一份最美好、最珍贵的礼物。

当然，试制工作绝非一帆风顺，其间不乏坎坷和艰难。1982年11月，试制组部分成员赴杭州、景德镇参观学习。从南方归来后，受南方较为先进的制瓷经验及生产窑炉的启示，有些人认为试制组原用窑炉温差过大，烧成工艺非熟手很难得心应手地驾驭，虽高菊德凭借此窑将官瓷试制成功，但成品率还是不高，未能达到预期的效果，遂将邓白教授设计、高菊德先生建造的八卦底煤窑弃用，按南方某厂试验窑炉结构新建一窑。然而，新窑建成后，试烧十余次，烧制出的成品均不如未改窑之前的成色好，烧成率也远不如旧窑，可以说费尽心血的改窑工作未见什么成效，无奈之余试制组只好放弃对新窑的使用，于1983年5月，在邓白教授窑口设计的基础上，在卢正兴、刘富安、王德旺大师的建议和指导下，对旧窑稍做改造，设计出一个小煤窑，由卢正兴和王德旺两位大师亲自驭火主烧，投产后首窑烧制便大获成功，烧制的成品品质及成品率均胜于后建的新窑。这次改窑挫折，前后历时五个月之久，教训极其深刻。

1983年7月到10月，开封市工艺美术公司主要领导两次率队向上级领导机关汇报试制情况并请示工作。轻工部工艺美术总公司对试制和恢复工作所取得的成绩深感欣慰，对恢复宋官窑青瓷的工作给予了极大的鼓舞和鞭策，并勉励参与试制的人员既要高速度，更要高质量，要把恢复北宋官瓷的烧制技艺当作最高目标，在真正意义上恢复宋官窑青瓷国宝级的烧制技艺，造福后人。为了能请教于北京故宫博物院的专家学者，拿试制组烧制出的作品与馆藏北宋官瓷传世珍品相对比，找出差距，开封市工艺美术实验厂还在进京汇报试制工作的队伍里，特意成立了由王清林、刘海诗等人组成的"赴京看官瓷技术小组"，希望能获准到北京故宫博物院目睹官窑传世珍品的神韵风采，以助益宋官窑青瓷的试制和恢复。在王清林先生的真诚努力下，经由轻工部工艺美术总公司领导的帮助和支持，王清林、刘海诗等四人渴望见北宋官瓷传世品的愿望得以实现。

刘海诗先生后来向媒体描述他生平唯一一次获得特批目睹传世官瓷的场面时，充满真情地回忆说，那一刻人仿佛被定住了，时间仿佛也静止了，层层锦缎包裹的宝物在眼前现出的刹那，那种恍若神光的震撼，令人不由自主地屏住了呼吸，仿佛时空倒转，万籁俱静，王清林先生当时就潸然泪下。刘海诗说那一刻他也想哭，真想痛痛快快哭一场！那自然是北宋徽宗官瓷艺术神境的映照及其深入内心所引发的灵魂的震颤。于试制和恢复宋官窑青瓷的工作而言，能够零距离观看国宝是王清林、刘海诗等四人极其难得的机会，对宋官窑青瓷的试制和恢复极为有益。更为重要的是，故宫博物院的领导和专家在随后举行的座谈会上，为烧制和恢复宋官窑青瓷的工作提供了理论指导和仿制依据，专家们在对试制品做了较高评价的同时，特别提出恢复工作应在造型的法度、釉面的质感和艺术风格方面多下功夫。北宋官瓷之所以区别于其他窑口的瓷器，首先在其含蓄典雅、静穆大气的礼器及经典的文房用具的造型，是不是官窑作品，从器型上便可一眼把握。器型不标准，不讲究精严的法度，便无法在真正意义上达到宋官窑青瓷传世品的艺术水平。故宫博物院古陶瓷专家李毅华先生为此特意给试制组提供了百余种极其珍贵的两宋官瓷图片资料，并揭示了这些官瓷造型蕴含的文化密码，使试制和恢复工作在仿古造型方面走上了正道，真正接近了北宋官瓷礼器的造型。北京故宫博物院之行，对宋官窑青瓷的恢复工作来说，可谓受益匪浅，自此以后，试制组投入大量的财力和物力，严格依照宋官窑青瓷传世品简约端庄的尺度制作了大批模子，所烧制的作品，不独在器型上基本与传世品吻合，完美再现了传世品的神采和风貌，在追求北宋官瓷礼器的风范上，也力求作品能凸显出皇家用器的华贵和大气，从文化气质方面去接近传世的北宋官瓷。

总之，从1981年到1983年的两年中，试制组在中国科学院上海硅酸盐研究所的密切合作和配合下，夜以继日地工作，共同努力，先后进行了几万个数据的计算，试验了一百三十多种配方，烧制二百余次，最后终于在高菊德先生组方的基础上，优选、确定了胎、釉配方，并烧制出可与传世的徽宗官瓷相媲美的作品。1983年10月，中国科学院上海硅酸盐研究所对试制的作品进行了化验分析，分析结果表明，试制作品的釉色、质感、胎质和官窑瓷器的传世品非常接近，且釉质的烧成厚度已远远超越了传世汝瓷，可谓肥若凝脂，达到了拟定的试制要求。

在试制过程中，轻工部工艺美术总公司，省委、市委领导都曾多次到开封市工艺美术实验厂视察，详细地听取汇报并做了重要指示。省二轻厅、省工艺美术公司、省科委、开封市二轻局、开封市工艺美术公司、开封市科委有关领导多次莅临美术实验厂了解试制进度、指导工作并帮助解决问题，保证了试制工作的顺利开展。特别是上海硅酸盐研究所的郭演仪先生和北京故宫博物院的冯先铭先生，更是对宋官窑青瓷烧制技艺的研究和恢复牵挂不已，二人几乎把试制工作的所有进展，都当作他们人生事业的一部分，对试制

小立筋贯耳壶

弦纹贯耳壶

工作每一步取得的成绩，时刻提出他们热忱的指导意见和学术建议。

尤其令开封官瓷人值得记忆和感恩的是，在试制过程中，出于对试制和恢复工作最美好的期盼，不独是上级领导和个别专家的关注，中国科学院上海硅酸盐研究所、北京故宫博物院、中国历史博物馆、中央工艺美术学院、轻工业部技术处、上海博物馆、浙江美术学院、南京博物院、浙江社科院、河南省陶瓷研究所、开封市博物馆等单位，均对烧制工作给予了大力支持，著名的古陶瓷学者冯先铭先生、刘伯昆先生、李毅华先生、傅振伦先生、耿宝昌先生、叶喆民先生、李国桢先生、汪庆正先生、郭演仪先生、邓白先生、高建新先生、宋伯胤先生、杨文献先生、瓮臻培先生、游恩溥先生、赵青云先生等专家，也以一颗深爱民族宝贵文化遗产的真心，对宋官窑青瓷的试制和恢复工作给予了无私的帮助和支持，尤其是他们有求必应的高贵情怀，切实为试制和恢复工作提供了最为坚实的学术指导和理论保证。可以说，在余秋里副总理的直接关怀下，宋官窑青瓷烧制技艺的成功恢复，完全得益于国家的支持和各方面的通力合作，是试制组全体成员在大家的无私帮助下共同努力、尽职尽责的结果，凝聚着诸多领导、专家、学者和科研人员的心血和智慧。说到这里，笔者想多说一句的是，宋官窑青瓷烧制技艺的成功恢复，对于每个参与研究者以及专家学者包括领导者来说，都是极大的光荣。他们对民族传统文化的传承和发扬，功莫大焉，理应受到每一个热爱我们民族伟大文明的人的尊敬。

据开封北宋官瓷研究所所长刘跃民先生和副所长陈仲义先生介绍以及其提供的资料，当年由开封市工艺美术实验厂承担恢复宋官窑青瓷的试制任务时，先由王清林先生任厂长，王清林先生不折不挠地申请立项终于获得成功后，开封市美

小花瓶

术公司专门抽调公司技术科科长高菊德先生担任官瓷试制组组长，回到本由他自己创办的开封市工艺美术实验厂，全面负责主持官瓷的试制和恢复工作。在加强技术力量方面，开封市工艺美术实验厂聘请当时禹县（今禹州市）著名的陶瓷大师卢正兴先生及其助手王德旺先生为技术顾问，负责具体的试制工作。1982年年底，高菊德先生在卢正兴的帮助下，完成胎、釉配方并成功试制出堪与传世品媲美的官瓷作品之后，开封市工艺美术实验厂筹组的开封北宋官瓷研究所与开封市工艺美术实验厂分家，高菊德先生功成身退，留任开封市工艺美术实验厂厂长，王清林先生任北宋官瓷研究所所长，陈仲义先生任副所长，由厂办公室主任何浩庄先生任试制组组长，并负责对外联络和日常接待工作。配釉工作主要由刘海诗（时为河南大学教授，也是研究所特聘的专家、技术人员）、卢正兴、王德旺先生担任；梁金锡、冯天然、勇志坚先生及神垕的王德旺先生主持烧

制；宋铁良、薛艳斌先生和王美女士负责沾釉；王裕华先生和任廷秀、王荣珍、石兰芳女士负责模具；李巧云、李秀枝女士等多人负责注浆及修坯修釉工作，研究所参与试制和恢复工作的人员共有20余人。其间，陶瓷专家杨文宪、赵青云多次到开封指导官瓷研制并亲自主持烧制；中国工艺美术大师刘富安、晋佩章、文国政应官瓷研究所及卢正兴之请，也多次到开封帮助解决技术问题，三人以丰富的制瓷经验，与卢正兴大师联手，由刘富安、文国政大师配釉，晋佩章大师造型，卢正兴大师主持烧制，全力支持宋官窑青瓷的试制和恢复工作，且颇有建树。为何那时烧制的作品颇受追捧？除使用煤窑烧制的因素外，一个主要原因在于，1984年左右烧制的器物，一些造型经典的作品，多是几位大师联袂合作的典范，是为大师之作。

第二节　北宋官瓷的原料选择、组方及工艺流程

在中国陶瓷史上，官瓷乃专属名词，特指两宋官窑的青瓷作品，即北宋官瓷和南宋官瓷，宋官窑之称也是如此，分为南北两宋。在徽宗之前，还没有出现什么朝廷专门设置的"国有"窑口，御用瓷器主要依靠地方贡御和"官搭民烧"或"民代官烧"，正是由于北宋官窑是北宋王朝（徽宗朝）官置窑口，故徽宗理所当然也是其窑口作品的垄断者，烧制的作品在当时也只专供朝廷和官府使用，与汝瓷"唯供御拣退，方许出卖"（南宋周辉《清波杂志》）的性质有着本质的不同，北宋官瓷从没有在市场上流通（销售）的历史记载。北宋以降，特别至元、明、清时期，随着中国陶瓷业彩瓷的兴盛发展和烧制技艺的进步，形成了制瓷业以青花瓷为主流的五彩缤纷的繁盛局面。明、清王朝的统治者也不甘寂寞，为了自身统治天下的利益或个人喜好，在各类瓷系的原产地分别委派监陶官，设置了烧制各种瓷器的窑口，一时官窑（御窑）耸立，几乎每一类特别有影响的民窑烧制的瓷器品种，大都对应有同类瓷器官窑（御窑）烧制的作品。不过虽然此时官窑绵延无绝，但却也只是按年号、时间或地点称某帝王年号的官窑或某地官窑（御窑），再或以某官窑的瓷器作品称其窑口名，与中国陶瓷史上特指两宋官窑作品为"官瓷"的专属称谓，是两个概念，颇有分别，故而其他官窑约定俗成只称某某官窑作品而不单称官瓷，原因正在于此。

一方面，北宋在京城开封设置窑场烧造青瓷的官窑，自北宋王朝灭亡以后，窑口遂废于兵祸。其后，北宋故都汴京，在明、清时又遭受几次灭顶的黄河泛滥，北宋汴京城遗址完全被河沙淹没，沉陷地下，令人唏嘘，乃至最终形成了今日开封城摞城的历史奇观。另一方面，由于开封地下水位很高，考古发掘难以进行，国家也始终没有组织过专门的考古队伍去搜寻北宋官窑的窑址，故而北宋官窑的窑址无法通过考古发掘去觅证实。而岁月沧桑，时至今日遗留下的北宋官窑国宝级的传世品又少之又少，皆为著名博物馆所收藏，民间纵有收藏，也寡鲜难见。无法剖析传世的珍品供分析化验和研究，借以作为依据来仿制和恢复传统的北宋官窑青瓷，只能在借鉴传世作品外观及质量评价对比，乃至借助于对汝瓷和南宋官瓷瓷片分析研究的基础上，进行仿制及恢复北宋官瓷的烧制技艺和研究工作。因此，在相关资料及可供分析研究的样品等无不缺乏的情况下，恢复宋官窑青瓷的烧制技艺，困难可想而知。

开封市工艺美术实验厂于1981年接受研究和恢复宋官窑青瓷的任务后，如前文所述，实验厂主管单位遂委托经验丰富的市美术公司技术科科长、当年创建该厂烧制陶瓷窑口的高菊德先生，

小象鼻瓶

回厂任技术副厂长,筹组北宋官瓷试制组,并担任第一任组长,主持项目的研究工作。当时北宋官窑青瓷烧制技艺失传年代已久,资料匮乏,传世器物难觅。为寻求科研和技术上的支持与帮助,全面推动试制和恢复工作的开展,经由高菊德和王清林先生提议,在上级主管部门的协调下,开封市工艺美术实验厂与中国科学院上海硅酸盐研究所签订了科学研究和技术合作协议,使得试制和恢复工作得到了强大的且极为重要的科研保障。协议签订后,上海硅酸盐研究所著名学者郭演仪先生亲赴开封,与高菊德先生多次深切交谈后,亲自参与制定宋官窑青瓷试制和恢复的工作计划及工作方针。

郭演仪先生认为,浙江青瓷的制作历史很长,始自东汉,直至唐、五代所烧青瓷都是厚胎薄釉的制品,可以说釉薄如纸,宋代官窑兴起以后才开始出现质地如玉的厚釉作品,这说明北宋以后浙江地区青瓷的发展受到北宋官窑烧制工艺的影响很大。特别是南宋官窑,虽然在"袭故京遗制"的根本方针定位下,于修内司设窑烧造青瓷,但南宋官瓷在烧制技术上和器物特征上,由于地处浙江,或多或少也会受到宋代以前浙江烧制青瓷工艺的影响。尤其是原材料使用方面,受当时的形势和具体情况所限制,只能就地取材的南宋官瓷,不可能使用北方的原材料,纵是烧制技艺承袭北宋官瓷,其釉料和胎体配方却不可能与北宋官瓷完全相同。另一方面,北宋官窑青瓷曾受到汝瓷和开封东窑青瓷的影响,工艺上和原料的材质配比上与汝窑及东窑青瓷应该有甚深的法缘,因此北宋官窑青瓷虽釉质肥厚,为汝瓷所不可及,但基本釉色也应该是汝窑及东窑青瓷釉色的发展和进步,即北宋官瓷与汝瓷、东(冬)青瓷和南宋官瓷有着承前启后的联系。基于这种认识,郭演仪先生提出,宋官窑青瓷的研制和恢复工作,要考虑到宋徽宗当年在开封烧制北宋官瓷的历史动机和历史情况,应该把全部利用河南

执壶

小香炉

当地原料作为立足点，参考汝瓷特别是南宋官瓷的基本特征及化学元素含量，来追求试制和恢复的烧制效果。郭演仪先生说，如果使用河南当地原料能够在开封烧制出北宋官瓷作品，对北宋能在开封烧造高质量的官窑青瓷也是一个有力的佐证。

在郭演仪先生的指导和建议下，试制组根据上海硅酸盐研究所对汝瓷及南宋官瓷的分析研究结果，尤其是根据郭演仪、李国桢对汝窑青瓷、南宋官瓷样品分析和研究的结果，以及著名南宋官瓷专家叶宏明、劳法盛和李国桢等对南宋官窑青瓷分析和研究的结果，拟定了具体配方和操作工艺。试制组一方面参照汝瓷的胎、釉成分和特点，配制若干釉方；另一方面参照南宋官窑的胎、釉成分和特点，配制若干配方，最后经过改动及筛选，组合出两种配方，以河南本地的原料进行制作和烧制。经过一番努力，试制出的青瓷作品在区别汝窑青瓷的胎、釉色泽特征的基础上，颇具有南宋官窑青瓷釉的质感和外观特征。试制品瓷釉厚重，虽和南宋官瓷成为一系，但因其胎、釉所引用的制瓷材料不同，作品与南宋官瓷也稍有区别；和汝瓷相较，其质感、釉色及釉层厚度与釉水寡薄的汝瓷之草绿、豆青等色泽更有明显的差别，釉层厚度、釉面光泽度、纹片开裂以及胎体还原呈色方面都十分接近博物院（馆）部门所陈列和珍藏的北宋、南宋官窑青瓷的藏品，达到了较高的质量水平和艺术水平。研究和试制结果表明，郭演仪先生关于利用河南当地原料配制胎、釉，采用传统的工艺，试制和恢复北宋官窑青瓷是可行的、合理的，取得了令人满意的结果。

历经两年时间的反复试验，科研人员用河南当地原料，试制成功了若干釉色的宋官窑青瓷品种，在反复的试验中对制作工艺的把握也日渐成熟。在此期间，轻工业部科学研究院李国桢先生在技术上提出了许多宝贵建议，中央美术学院的叶喆民先生，故宫博物院的冯先铭、李毅华、刘伯昆、耿宝昌先生，中国历史博物馆的傅振伦、李知宴先生，浙江美术学院的邓白、高建新先生，轻工部陶瓷研究所许作珑先生等许多专家学者，对恢复官窑的工作都给予了热切关怀和支持，帮助试制组及时解决出现的各种问题，并提出了许多宝贵意见和建议。这些意见和建议对试制工作的顺利开展均起了极为重要和有益的推动作用。

在北宋官瓷的试制过程中，源于对史料以及上海硅酸盐研究所关于对青瓷化验分析结果的深入体会，试制组科研人员认识到，北宋官窑青瓷和龙泉、汝窑青瓷一样，主要是以铁离子着色为特征的青釉；但北宋官瓷独具特色的是，其釉层较汝瓷更为丰厚，釉质温润，如膏如脂，更具玉石质感，釉色的变化因其釉质的肥厚也远过于汝瓷等青釉，呈现粉青、大绿、月白、炒米黄和灰青等多种色调；开片也明显区别于汝瓷薄釉的"蝉衣纹"而呈不同程度的龟背纹开片，且随开片的延伸，釉面相继开裂出细碎的冰肤，形成了乾隆帝咏唱北宋官瓷"纹犹鳝血裂冰肤"的艺术景致。同时，还需要说明的是，北宋官瓷有别于汝瓷的配料和烧制技艺，釉料方面由于高石英的使用，釉在高温阶段黏性很强，与汝瓷的低石英的釉料配比所产生的高温流动性有很大的反差，这也是官瓷可以挂厚釉的一个重要因素。在胎料方面，官瓷入胎原料中氧化铁的含量也远高于汝瓷，故胎色较汝瓷深，呈深香灰色和深灰色，通过气氛还原，形成紫口铁足的典型特征。基于对北宋官瓷特点的这些基本的认识，试制组研烧和复仿的作品，以力求达到北宋官瓷胎、釉的艺术特征为目的，选用河南当地的原料，采用陶瓷制作的传统烧制技艺，逐步开始将试制工作推向成功。

试制北宋官瓷所用的主要原料有神垕黏土、火石坡黏土、李楼黏土，临汝黄长石、南召长石、嵩县长石、神垕长石（当地称本药），安阳白药，神垕紫金土，神垕铜矿石和自制的草木灰、牛骨灰等。河南的各种黏土因含铁量的差异，烧成后在颜色性状上相差很大。化学分析证明，一方面有的黏土接近纯高岭土成分，有的含杂质矿物较多，如含有云母及铁、钛等矿物成分杂质；另一方面，热差分析和脱水曲线也不尽相同，神垕黏土中高岭石黏土矿物的含量很高，而李楼黏土则含很少量的高岭石黏土矿物。南召长石和嵩县长石主要是钾含量和钠含量较高的长石，神垕长石（本药）含钙较高，临汝黄长石则为一种含石英和钾长石类矿物的花岗岩。长石作为溶剂使用引入釉中，在降低烧成温度的同时，也改变了釉料的酸碱成分。铜矿石实际上是含铜、钙、镁的碳酸盐矿物，其中含有少量铁等氧化物，引入后起着色效果。紫金土或钛铁矿物的引入也是利用其含氧化铁分子起着色作用。草木灰及牛骨灰主要以含钙、钾和磷成分，作为乳浊成分引入釉中。

小兽耳瓶

小弦纹贯耳壶

以上仅是所用河南当地的几种典型原料，与此相类同的各种原料分散在禹州、临汝、巩义、南召、登封、嵩县等地区，矿物资源均十分丰富，在配制胎釉过程中，可以根据需要进行选择和相互替代使用。但长石的引入无论是哪个地区的，尽可能以钾长石和钠长石为主，要使釉料配成后一定呈弱碱性，达至北宋官窑青瓷传统的石灰碱釉，而非汝瓷、钧瓷使用的以钙长石为主的石灰釉。

在胎、釉配方和工艺流程方面，试制组用于试制的胎、釉配方，主要借鉴和参考南宋官窑青瓷的成分，经化验分析和精心取舍而拟定。并经过多次筛选试验，最后综合选出了两种不同于汝窑青瓷及南宋官窑青瓷，并有代表性的胎釉配方，作为试制和恢复的基本配方。胎的配方主要用河南禹州的火石坡、南坡、李楼等地黏土、砂石配比而成，属北方典型的高硅类胎土配方，与南方高铝类配方有较大差别。混配好的黏土，Fe_2O_3的含量控制在2.8%~3.5%之间为宜，Al_2O_3的含量以25%~29%之间最好，以保障胎体在高温下的强度。釉分深浅两种，一种为含铁量较少的浅粉青色釉青瓷，称为北宋官瓷1号方；另一种釉色为深粉青色，称为北宋官瓷2号方。两种代表性釉方的基本配比如下：

1号方：黏土10%，长石52%，石英16%，方解石15%，铁矿石2%~3%，木灰5%

2号方：黏土10%，长石50%，石英13%，方解石20%，铁矿石2%~3%，木灰5%

方中的黏土包括几种属于核心秘密的矿物原料；长石指的是白长石、黄长石等几种长石混合后的总量；木灰还包括牛骨灰。在烧成方面，石英的多少会影响釉面的开片及烧成温度，方解石则在调整釉料高温的黏度及流动性方面起着重要作用，二者用量多少非一成不变，可随时调整。不过，虽几种长石可相互取代，但在配制釉方时，Fe_2O_3的总含量要控制在2%~3%之间，Al_2O_3的总含量应控制在15%以下（Al_2O_3的含量如太低，则釉强度和韧度不够，作品出窑易发生炸口现象），入釉长石主要以钠长石和钾长石为主。

试制组在试制过程中，其工艺流程和所用设备均根据工厂现有条件进行小规模的试制。原料加工和配料混合采用的是湿法球磨，根据球石的多少、冲击力大小，以及原料的硬度及细度控制磨制时间（胎料的球磨时间约为10~20 h，釉料的球磨时间一般不低于24 h），然后通过过滤和强磁除铁，采用泥浆浇注、泥板、盘条、印坯、手拉等成型法，制作出胎体。胎体的干燥则依靠大型电热干燥箱或自然阴干。作品的烧成使用3~4 m³的倒焰式煤窑。其简要的工艺流程如下：

首先是配料，即按方中黏土、长石、方解石、铜矿石、石英、木灰等原料的百分比进行配制，然后入球磨机加水进行球磨。待料浆研磨好并经80~100目纱网（胎浆使用60目纱网）过滤后，置入釉料缸中存放待用，浇注成型时，胎料泥浆则使用石膏模具进行注浆成型，根据天气温度，料浆注入石膏模具内约 1~2 h 后，可将多余的料浆倒出，而后待料浆凝固成型后，再将其从模具中剥离出来放于阴凉处（手拉坯则无须注浆工艺使用的模具，练好泥后，直接在拉坯机上拉制即可）。待胎体半干有一定筋骨时，便可使用专门的工具进行精心的修整。修好的胎体晾干或入干燥箱完全干燥后，再入窑经 960 ℃素烧，而后分别通过内、外两次施釉，干燥后再进行修釉，最后便可装窑烧成。

在整个工艺流程中，显而易见，宋官窑青瓷试制最重要的有三大关键工艺环节，即配方、成型和烧成。特别是最后一道环节烧成工艺是最为紧要的，不但要控制适当的温度，还要有适当的气氛制度和适宜的烧成制度。一般烧成温度在 1230~1260 ℃，其最后的烧成火焰采用还原焰。

关于试制作品的成分、结构和性质，试制组经过精心的试制和研烧，以适当温度烧成后的青瓷成品，外观上与宋代官瓷相比有十分相近的质感。无论是釉的开片、釉色，以及器物口缘和圈足的表现特征，均极近似宋代官瓷。上海硅酸盐研究所将试制品的胎釉分离后，经化学分析，发现胎中氧化物成分的含量与汝瓷及南宋官窑青瓷比较相近，其中所含 Fe_2O_3、Al_2O_3、CaO、MgO、Na_2O 等化学成分之量最为相近，处于汝瓷和南宋官瓷之间。深灰色胎中 Fe_2O_3 的含量有别于汝窑青瓷胎，浅灰胎中 Fe_2O_3 的含量则有别于南宋官窑青瓷胎。试制作品釉中的 SiO_2 含量较高，远超汝瓷，Al_2O_3、CaO、MgO 的含量较汝瓷和南宋官窑青瓷含量都略低。而釉中 K_2O 含量则高出宋代汝瓷及南宋官瓷两种青釉一个百分点，在 5% 左右。通过多次的试验和化学分析，试制组得出结论，提高 K_2O 的含量主要为的是加宽瓷釉烧成时的熔融温度和烧成范围，当然也可影响瓷釉的光泽、质感和开片。

试制的官窑青瓷的显微结构显示，北宋官瓷 1、2 号方青瓷胎的显微结构相似，均分散有一定的细颗粒石英及少量气泡。北宋官瓷 1 号方青瓷釉中气泡和未溶的细颗粒石英，以及少量细颗粒钙长石细晶均比北宋官瓷 2 号方青瓷釉中多，而且气泡也小，浮在釉中，呈现出传世北宋官瓷釉下"聚沫攒珠"和"沧海浮珠"的艺术景致，与汝瓷釉下"寥若晨星"的艺术特征甚有区别，釉表开片明显，非汝瓷轻微细腻的蝉衣纹开片。

在对试制作品分光反射率分析测试中，所测北宋官瓷 1、2 号方青瓷的分光反射率的测试数据，与宋汝窑青瓷和南宋官瓷的分光反射率的曲线和数字进行对照，发现以北宋官瓷 2 号方青瓷试制的宋官窑青瓷釉和宋汝窑青瓷的分光反射率十分接近，釉色色调与汝瓷之色调因烧成温度的差别，只在天青和粉青上呈现色调区别。北宋官瓷 1 号方青瓷釉为浅粉青色，其峰值波长区在 500~550 μm。由于其釉色较为浅淡，釉面便

小六棱笔筒

小皮囊壶　　　　　　　　　　　　　　　　　　小首耳十字壶

较为光亮一些，其反射率数值故而较汝瓷和南宋官瓷都高。不过，虽其比北宋官瓷2号方青瓷的折射数值高，但其瓷釉的主色调还是近似2号方青瓷作品，两者均呈粉青色，只有深浅之分。南宋官窑青瓷釉的反射率则峰值偏长，波长区域自450 μm可延伸到600 μm，较为平宽。并且，其反射率之数值不仅低于北宋官瓷2号方青瓷和宋汝窑青瓷，更低于北宋官瓷1号方瓷釉的反射率。这说明南宋官窑青瓷样品的色调，较之北宋官瓷和汝瓷釉质的光色稍暗，釉色色调偏带暗灰色和略偏绿色，有别于北宋官瓷的粉青色。通过反射率曲线的对比说明，北宋官瓷两个组方试制的作品是比较成功的，其釉质有玉石的光泽，且釉色达到了北宋官瓷传世品的粉青。

随后，上海硅酸盐研究所对试制作品的热膨胀系数和抗折强度也进行了较为详尽的科学测试，其测试结果显示，北宋官瓷1号方青瓷和北宋官瓷2号方青瓷胎、釉的热膨胀系数十分接近，属一个体系。两组方各自对应的胎和釉的热膨胀系数在500 ℃时尚相差不太大，但随着温度的下降，差值越来越有明显的差别，至130 ℃时最为明显，其差值基本接近一倍。毫无疑问，胎的热膨胀系数大于釉的热膨胀系数，这种差别，实乃是导致瓷釉产生裂纹形成开片的原因。

为了比较青瓷胎、釉的强度差别，上海硅酸盐研究所以北宋官瓷2号方青瓷釉和胎进行了抗折强度测试。测试发现，其釉的抗折强度为290 kg/cm²，胎的抗折强度为585 kg/cm²，釉的抗折强度值基本上为胎的强度值的一半。因此，在胎、釉热膨胀系数值相差巨大的情况下，由于胎、釉间产生的应力而导致釉层开裂以释放釉下较大的胎的应力，实是釉层裂纹形成开片装饰的另一因素。北宋官瓷梅花冰片系列作品釉片层层相叠、如梦如幻般不可思议地开放，其理论上根本原理就在于此。

总之，经上海硅酸盐研究所化验分析可知，

试制的官窑青瓷的胎、釉的化学成分在区别汝瓷和南宋官瓷的同时，也在最大程度上接近和达到了北宋官瓷传世品的高度。试制组研制和恢复的宋官窑青瓷复仿品，其釉的热膨胀系数比胎的小一半，釉的机械强度也比胎的小一半，以至胎、釉之间在产生应力情况下釉层出现裂纹，形成北宋官瓷有别于汝瓷蝉衣纹的龟背开片或梅花冰片装饰。并且，一方面试制恢复的宋官窑青瓷的瓷釉质感和釉质也超越了汝窑青瓷薄胎薄釉，其更为丰富的釉质和釉色，以及比南宋官瓷釉色更带有偏微蓝的色调，形成了北宋官瓷极富魅力的粉青釉色；另一方面，由于烧成气氛的作用和影响，有时也有偏灰青和炒米黄色的釉色出现。但在还原气氛下正常烧成的，大多呈现深浅稍有差别的、略带蓝青色的青釉特点，犹如"隔纱望晴"，美轮美奂。其深、浅粉青釉的色调和光泽，基本达到了馆藏北宋官瓷传世品的质感和水平。可以说，复仿宋官窑青瓷的试制作品的圆满成功，一如郭演仪先生所说的那样，在无法发掘北宋官窑窑址

小梅瓶

的情况下，其借鉴宋代汝窑青瓷和南宋官窑青瓷的化学分析成分，全部用河南当地矿物原料，配以传统的制作和烧制技艺，特别是对胎、釉配方

汝瓷、南宋官瓷及试制恢复的北宋官瓷、胎釉的化学成分分析（%）

	名称	SiO$_2$	Al$_2$O$_3$	Fe$_2$O$_3$	CaO	MgO	K$_2$O	Na$_2$O	TiO$_2$	MnO	P$_2$O$_5$
釉	汝瓷	58.80	17.02	2.31	15.16	1.71	3.24	0.60	0.21	1.71	0.58
	南宋官瓷1	62.68	16.72	1.43	13.98	0.98	3.46	0.63		0.98	
	南宋官瓷2	62.63	16.35	1.17	13.92	1.13	3.22	0.27		1.13	
	北宋官瓷1	66.81	13.31	0.91	10.76	0.56	4.89	1.90	0.12	0.56	0.08
	北宋官瓷2	63.19	14.58	1.26	12.13	0.71	5.63	2.09	0.15	0.71	0.11
胎	汝瓷	65.30	27.71	2.20	0.56	0.42	1.86	0.17	1.24	0.42	0.10
	南宋官瓷1	69.12	22.42	3.87	0.76	0.52	3.02	0.31		0.52	
	南宋官瓷2	68.72	22.37	3.62	0.79	0.58	3.46	0.38		0.58	
	北宋官瓷1	67.18	25.64	2.67	0.79	0.49	2.06	0.24	1.05	0.49	0.03
	北宋官瓷2	67.74	23.88	3.71	0.60	0.46	1.87	0.29	1.19	0.46	0.06

及烧成技术完美的应用和控制，仿制出如此高水平的北宋官瓷作品，其工作的本身是对北宋王朝可以在开封烧造高质量的官窑青瓷的一个有力的佐证。

虽然古今有时间之差，但面对今天的北宋官瓷高仿作品，再加上北宋官瓷传世实物的证明，人们完全有理由确认和相信，徽宗当年在东京设置窑口烧制官瓷，绝非什么历史文献记载之误，理应是确凿无疑的史实。

第三节　北宋官瓷的烧制温度研究

北宋官瓷的窑变，真实不虚。中国高古陶瓷虽有种种颜色，但除去宋以后发明的色基釉以外，各种颜色大都是由铁或铜（包括锌、钛等）元素所出。这些金属元素，在还原焰的煅烧下，所含的氧分子有一部分被还原出来，高价的氧化铁和氧化铜均变为氧化亚铁和氧化亚铜，且依据其亚铁和亚铜在釉中的含量，以及气氛还原的轻重和窑内气温的高低偏差而呈现出深浅不同的颜色。特别是铜或锌还原，更会出现各种意想不到的颜色，这也即是行业术语中所谓的窑变。钧瓷"入窑一色，出窑万彩"，那是调釉时有意加入铜矿石、锌矿石等多种矿物原料作呈色剂的缘故，色彩可出人意料地自由万变，紫红相间，交叉相染，其色呈五彩，非人工所能控制。但北宋官瓷每一件釉色均通体一致，仍是单色釉，朴实无华，无意外变幻的花色，即便说是窑变，釉色为何还变得如此整齐单一？青是青，黄是黄，月白是月白，油灰是油灰，毫无一点色彩斑斓的现象，这窑变也太守规矩了吧？但若说不是窑变，一窑的产品，整体色彩却又分明不一样，各守其色，不越雷池，真是奇哉怪哉，也太不可思议了吧？北宋瓷器烧制和钧瓷的窑变究竟不同在何处？

所谓的回火还原气氛的烧制技艺，乃北宋官瓷烧成的一项极为重要的驭火艺术，烧成的作品即后来乾隆咏北宋官瓷诗中所赞叹的"色自粉青泯火气"，是为一种玉石的光芒，其技艺也主要是为了追求釉质、釉色的呈现和变化，消除瓷釉的野火燥气，提高釉料独特配制的质感、色泽，令其似缎似玉，宝光横生。如前文所言，还原气氛说白了就是窑炉缺氧燃烧时所发生的气氛，现代理论一点儿都不复杂，即当燃料燃烧时，碳元素和氧结合生成二氧化碳，产生热量。当缺氧时，则生成一氧化碳。一氧化碳的化学性能十分活跃，在高温缺氧的窑炉内，与瓷釉中的氧分子结合，使釉中的三氧化二铁（Fe_2O_3）还原成氧化亚铁（FeO），从而影响和改变瓷釉的呈色。在相同釉料配比以及釉层厚度一致的情况下，气氛还原得不充分，则釉色较浅；气氛还原得充分，则釉色较深，这是一窑作品釉色不一样的根本原因。虽别的窑口烧制的瓷器为求窑变也使用还原焰烧成，但北宋官窑在这一烧成工艺上独具匠心，并总结了一整套精确的烧制经验。已不仅仅只是追求瓷器色彩的神变，立于当时陶瓷美学之巅的徽宗，其驾驭还原气氛的目的，在追求釉色纯正的同时，还在于对瓷器莹润质感的创造。基于相同配方的瓷釉，在还原气氛中烧成与在氧化火焰（即不改变窑内的气压使之一次烧成）中烧出的釉色和质感均有着很大的不同，釉面往往因还原气氛而变得光滑温润，非氧化气氛那种闪亮扎眼的琉璃光芒，因为氧化焰根本不会产生气氛深入釉层下面去改变釉质和釉色，令其发生变化。

通过研究发现，在徽宗时期窑口师傅们的经验中，北宋官瓷在烧成前期为氧化火焰，也即打开烟道风门，尽量提高烟囱的抽力，使窑内气压小于窑外气压，以求烈焰能将胎体及釉层的杂质、有害元素和结晶水等尽量烧制干净，即俗语说的"氧清氧透"。当瓷釉接近熔点时，保持一段时间恒温，使窑内上下气温尽量一致，继而关小风门，减小烟囱抽力，使窑内气压逐渐大于窑外气压，以此开始回火返焰，形成还原气氛，使缺氧的火焰深入釉中去争夺氧分子。以笔者的经验（这里指气窑烧制），此时窑内缺氧的火焰从窑炉的观火孔中蹿出，喷出火焰长度约在15~17 cm之间，火焰的颜色最好是红火包着蓝火心，保持此强还原火焰烧制3~4 h且达到一定温度后，调整烟道风门，使窑内气压略高于窑外气压，观火孔的火苗缩短，此为弱还原气氛，观火孔喷出的火苗在5 cm左右为宜。再烧制一段时间后，便进入了烧成阶段，此时还需调整风门，使观火孔微露火苗，并沿用此火直至达到烧成温度后住火。住火后一般有两种方式去完善作品的烧成：一种方式是住火后迅即打开窑门，使作品瞬间进入氧化状态；急冷一段时间后重新关闭窑门，使之再进入还原状态，并令其以还原状态自然冷却。这种方式有助于提高作品的光洁度和釉色亮度，使作品多一些玉石的光芒和鲜亮的釉色，即俗称的作品有"宝光"。另一种方式，为了使作品更具玉质感和色泽更臻柔和，达到宝石般的亚光，便采用保持窑炉住火时的状态，不动风门和窑门，使之自然冷却，这种方式有助于釉内矿物质发生析晶现象，这种析晶现象的发生，自然会使釉质变得更加乳浊，光芒也更近亚光。不过，第二种方法冷窑太慢，瓷器的断面往往粗糙。但住火后无论采取哪种方式，都尽量使窑温降至100 ℃以下再开窑取瓷，否则的话，特别是温差太大的冬天，会出现惊瓷现象，也就是窑工师傅说的"邪风炸瓷"，使作品毁于一旦。

值得注意的是，还原气氛主要依赖烟道的抽力来控制窑内压力，故而控制烟道的闸板，是为控制气氛还原轻重的关键。由于烟道的抽力决定窑内的压力，所以天气的变化，亦即室外的气压，对窑内的压力也将产生影响，这也是窑工烧窑时

小玉琮

必须考虑的一个重要因素。为何春、秋两季阳光灿烂之时烧制的作品质量包括成品率都高呢？这是因为其烟道的抽力比较稳定，易于形成还原气氛和烧成。夏天气温高，大气的压力也较大，热气对烟囱肯定有一定的抑制作用，烟道的抽力因此相对较小；冬季寒冷，风力大，烟道相应地抽力也就大了许多，北风如刀的冬日烧出的作品容易"摧"（氧化）。这些是天气因素影响的结果。因此，注意不同季节和天气的变化，根据实际情况随时去调整烟道闸门，乃一个成熟的窑工必备的经验，不可一成不变，掉以轻心。

使用还原焰烧制作品，同一窑的作品，瓷釉的呈色深浅，主要依赖气氛还原的轻重和是否恰到好处，如果还原得太早或太晚，使气氛与釉质不能很好地发生反应，都会直接影响作品釉色的质量。还原太早，釉面还未熔融，"种"不上气氛，反而还会使作品"吃烟"，釉色将黑中泛青，或出现颜色不一的块斑，十分难看。还原太晚，也不容易"种"上气氛，使作品烧成得不充分，

小茶盏

瓷釉中的铁分子不能全部还原成氧化亚铁，其中未被还原的三氧化二铁，就会呈现出米黄色或阴黄色，与氧化亚铁的青绿色相混，也会产生如耀州瓷般的黄绿（草绿）色，直接影响官瓷作品纯正的釉色。汝瓷在未烧出天青釉之前，其主要釉色也是绿中泛黄的草绿和豆绿，究其原因，在烧成方面，就是还原得不充分。还有一点，无论什么事物，都要讲究一个"度"，烧还原焰的北宋官瓷也不能例外。北宋官瓷烧成时，使用还原焰须知过犹不及，否则易出现吸烟的缺陷，影响作品的釉质、釉色。烧大件厚壁制品时，点火烘烧阶段一定要注意缓慢升温，防止器物因受热过快而炸裂；氧化阶段时应氧清氧透，尽量控制好烟囱抽力；冷却阶段要特别注意在800℃以下的降温速度，最好适当延长时间。

如此复杂和要求甚高的烧制技艺，使北宋官瓷独领风骚，烧成的作品在五大名瓷中也最具朴和如玉的光辉，堪为帝王之瓷。毫不夸张地说，紫口铁足，龟背开片鳝血纹，是北宋官瓷一种外在和直观的美，莹莹若玉的宝气珠光，温厚纯正的青瓷釉色，那种温和、淳朴光芒的照耀，才是北宋官瓷根本品质所在，才是真正意义上的北宋官瓷。乾隆帝关于北宋官瓷"火气全消文气蔚，今人如挹古人芳"的赞叹，心仪的正是这种品质。若一窑作品，出窑通通一个颜色，无什么分别，不用说，其注定贼光四射、火气十足，那是人为所调的色基釉，是不用费力调整烟道风门及火嘴的氧化火焰一口气烧成的琉璃瓶，不是还原气氛形成的窑变所呈现的自然釉色，釉下也不可能大量出现一氧化碳与釉中氧分子结合而生成的"聚沫攒珠"现象，尽管其可能打着北宋官瓷瓷釉配方的旗号，但它永远不会有朴和如玉的光芒。这种氧化焰烧制的"北宋官瓷"工艺品，虽然方法简单，易于操作和烧成，并还号称是什么新工艺，但在瓷釉的质感和釉色上，绝对达不到北宋官瓷宝气横生的高度。从官瓷艺术上来论，这种氧化焰工艺与北宋官瓷传统烧制技艺背道而驰，乃驾驭不了还原焰烧成技艺的原因所致。因为不使用还原焰去烧制官瓷，根本无以求得神奇的窑变，色釉调成什么色调就呈现什么颜色，不仅釉质呆板、不透，且都是一个固定不变的调子。从严格意义上来说，现代氧化焰烧制的色基釉，既然背离了官瓷传统的还原焰烧制技艺，其作品再称作"官瓷"似乎难副其实。然而，不独是北宋官瓷，当下使用氧化焰烧制色釉青瓷的大有人在，充斥在各个窑口，好像真的已被当成一种工艺创新，工艺品和收藏市场上也到处有这类产品。鉴别这类"官瓷"的方法很简单，只要稍有些官瓷常识，便可一眼从釉色及质感上将其识别出来——这些瓷器釉面无光或是很不自然的亚光，釉下没有官瓷"聚沫攒珠"的特征。再者，烧这类作品，基本上均是白胎，无"紫口铁足"，即使出现"紫口铁足"，也是人为做上去的，方法就是使用赭石类的色釉或铁红，在口和足上抹一圈，很假很拙且很呆板，也很不自然，容易被识别。

此外，还原焰因为要使气氛"种"入釉中，使釉质发生变化（窑变），故其作品的烧成率较低，常出现气泡和结釉、缩釉现象，但尽管如此，每一件还原焰烧成的作品，均是火的艺术，非人工所能控制。而氧化焰因不会改变釉质，除了随火温玻化，瓷釉在火中也变化不大，其变化只是由生料到烧熟（玻化），所以烧成率很高，除了偶尔因火烧变形几件，一般不会有几件废品。当然，运用这种简单易行的烧制方法烧制出的作品质量的高低，全在于人工，如造型规整端庄否，坯胎和瓷釉修得是否精到，所调釉色是否舒服到位，乃至是否是名家创作等。因此，与还原焰烧制的作品相较，氧化焰烧制的作品只能称作工艺瓷，因为好坏全凭人工，而非还原焰纯粹的火的艺术，不是人为所能控制的，这是二者本质的差别。再一点，还需说明的是，使用现代燃气窑烧制作品，因火嘴可以随意调整，所以可事先将火嘴的进氧量调小，亦即稍锁火嘴，控制空气的进入量，使喷嘴燃烧的火焰红火和蓝火抱着，这样操作就方便多了。烧氧化焰时，只需通过烟道抽风进氧，窑内就会充满氧化气氛；转为还原焰时，无须再费劲费力地调整火嘴去控制空气的进入量，直接掌控烟道的抽力或供气压力，即可控制氧气进入的多少，使窑内的压力高于窑外的压力，形成还原状态。使用这种烧成方法，最大的好处是火焰较为绵和一些，升温故而也较平稳一些，能产生和形成非常适合艺术瓷的烧制气氛，且省力省时，其工艺现已基本上为烧制北宋官瓷的有心人所采纳。这一点笔者深有体会，即使不图火力绵和，也可图个方便，何乐而不为呢！

【附】官瓷现代燃气窑操作流程及注意事项

北宋官瓷的烧成方法，是在还原气氛下，用1220~1250℃的温度烧成。其中，胎体先在900~960℃温度中烧成，而后进行至少三遍施釉，待釉完全干燥后，再进行釉烧。所谓的北宋官瓷烧成，即是指的这一过程，此乃决定作品外观质量最重要的一步。其操作流程及注意事项，均指釉烧这一过程。自20世纪80年代国家立项在开封恢复宋官窑青瓷的烧制技艺后，在无数次烧制实践中，北宋官瓷的研究者对官瓷的烧成做了大量的研究工作，总结了极其宝贵的烧制经验，也不断地通过对烧成技艺的改进，提高烧成技术及烧成率和成色品质，现今操作流程工艺已基本完善并成熟，尤其是污染小、更利于掌握的燃气窑的烧制流程。现将燃气窑具体的操作流程工艺介绍如下：

1.燃气窑在点火前，应备足燃气，以免燃气不足造成熄火，因为如在气氛还原阶段熄火，可能导致窑内坯体全部报废，故备足燃料，马虎不得。

2.坯体装窑时，尽量按"上大下小"的原则装入窑内，值得注意的是，每块棚板一定要摆放平稳，两块碳化硅板的透气间隙在 1 cm 左右，之后才可将坯体放置其上，以免因棚板倾斜或倒塌而造成坯体的损坏和变形。所谓的"上大下小"原则，指的是将小件品种放在底层，大件品种放在上层，这样做的好处是有利于减小窑内的温差，因为官瓷的烧成率，依赖于窑内上下火温的均匀。

3. 坯体安放妥当后，检查所有阀门及气路系统是否正常，有无漏气现象。然后，先打开气瓶阀门，再依次打开与之相连的高压管阀门及减压阀前后阀门，开始点火。点火一般应遵循"先里后外"和"火等气"原则，顺次对角开一阀门点一喷枪（火嘴），但 0.5 m³ 以下的窑炉，为防止升温过快，应一次只点一个火嘴。从点火到烧制（升温）至 500~600 ℃，最好能控制升温速度，使其不要太快，宜用温火慢慢烧制，每小时升温不超过 150 ℃。另一点需要注意的是，窑门不能关死，需留出 10 cm 左右的缝隙，这样既可防止坯体因气体膨胀而产生炸裂，又利于坯体水分及各种杂质的排除，至 610 ℃ 时锁紧窑门。此阶段一般持续 3 h 左右。

4. 氧化焰阶段（610~960 ℃ 左右）：此阶段也需持续烧制 3~4 h 左右，应逐步升温，如太快则可能因坯体氧化不完全而导致烧成的瓷器颜色、釉面出现问题；窑内通风要非常良好，烟囱调整到最大抽力，使作品氧清氧透，充分达到氧化的效果。此阶段窑门需扣紧，烟囱闸门需打开，使窑内形成负压，即窑内的压力小于窑外的压力。当烧至 980 ℃ 左右，瓷釉开始变化之时，即将进入还原阶段，此时需保持恒温 20~30 min，尽量缩小窑内温差，使窑内上下温度一致，以便使窑内坯体同时进入还原阶段。

5. 强还原阶段（980~1170 ℃ 左右）：此阶

小出戟尊

小玉壶春瓶

段需至少烧制3h左右。此时窑压阀门需开大一点，闸门需关小一点，使窑内形成正压（窑内气压大于窑外气压），打开观火孔，喷出的火苗在15~17 cm左右为宜。值得注意的是，此阶段及以后阶段因耗气较大，气瓶内液化气可能因流量太大而来不及汽化，为防结冰，需要用温水加热，使气瓶气压保持在0.1~0.2 MPa为宜。另外，关于转火还原温度的选择，并非一定要以980℃为临界温度，应根据窑内火样釉面闭合的程度以及烧成温度来正确选择，火照釉面达致液相出现收缩趋于封闭之时，亦即釉面凸凹不平，尚未流动，为转火的最佳时机。转火过早和过晚均会影响釉面的光泽度。

6. 弱还原阶段（1170~1210℃左右）：此阶段需保持1~2h。此时窑压阀门关小点，闸门开大点，窑内成弱正压，观火孔喷出火苗在5 cm左右为宜。

7. 成瓷阶段（1210~1230℃左右）：此阶段需保持1h时间，尽可能使火温升得慢一些，其对釉面的光泽和开片有着重要的影响。此时，应该将窑压阀门再关小一点，闸门稍开大点，尽量使窑内气压与窑外气压基本一致，观火孔基本无火苗或仅一点点火苗蹿出。值得注意的是，此时一定不能使得窑内气压低于窑外气压，否则，窑内吸入空气会导致瓷器被再次氧化而影响烧成质量。

8. 当窑内温度烧至所需温度后，釉片（火样）已脱口烧成，便可住（熄）火。住火时，应先将气瓶阀门关上，再依次关闭高压管阀门、减压阀阀门及所有喷枪阀门，以便将管道内气体全部排出，使燃气燃烧干净。若希望瓷器釉色光亮些，可在住火后高温阶段将窑门打开10~15 cm左右的缝隙，使其急冷一段时间，按事先设置的降温幅度，降至既定温度后再关闭锁紧；若追求瓷釉析晶后的乳浊光芒和玉质感，可始终关闭窑门及风门，把窑闷住，令其自然冷却至100℃以下，即可开窑出瓷。

第四节 北宋官瓷的匣钵装烧工艺研究

匣钵是一种盛装和保护烧制作品的容器，匣钵装烧法是瓷器烧成工艺的一种发明创造。据专家考证，匣钵装烧初创于唐代（但最近的考古发现显示隋代湘窑已开始使用），在当时具有极为重要的技术进步意义。所谓匣钵装烧法，是按所烧器物的体积大小及形状，在入窑前先用粗坯制成匣钵，然后将制作完成的器物坯体放入匣钵内装窑入火煅烧。匣钵的形状主要有两种：一种为筒形，适合烧制器型较高的瓶、罐、尊等作品；一种为漏斗形，可用于烧制洗、盘、碗等器型较低的作品。匣钵装烧的优点是，器坯在窑炉中不直接受到火焰和烟灰的熏染从而避免损坏瓷器釉面的光洁度。因为釉烧之前，稍一沾灰便会烧出斑点。匣钵装烧不仅适合各种特殊器型的装烧，也非常适宜气氛的还原，特别是升温和降温的速度相对较慢，这对提高作品烧制的质量（尤其是追求玉质感的官瓷），无疑大有益处。故这个烧法一问世，即被各大窑口竞相效仿和学习，普及推广得很快也很广，几乎为各窑系、窑口普遍使用。至宋代，匣钵装烧法的工艺更为成熟，定窑大师们在总结以往的烧制经验之上，经过反复多次的试验，创造出了充分利用空间、最大限度节省燃料的覆烧法，即一匣内通过使用垫子或支钉可装烧多个沾釉胎体，效果倍增，极大地提高了窑炉的装烧率也即利用率，堪称陶瓷烧制技术史上的一次伟大革命，影响遍及全国。

北宋官窑自置窑开工之始，为完成其"新成礼器"的创世，朝廷不仅专门成立了礼制局制造所，诏令编撰制作礼器蓝本的《宣和博古图》，还不遗余力地引进各窑口、窑系的先进工艺和技术，并网罗大批大师巨匠到东京一展才华，致力于作品的烧制。在这种唯注重作品质量的操作下，为了把官瓷制作得更艺术、更漂亮，匣钵装烧的先进工艺自然被采用。不过，北宋官窑采用的是一匣一器的装烧法，包括祭祀用的碗、盘也均不叠烧，不是定窑极大提高产量的覆烧法，这一点可从北宋官瓷传世器物的品相和器型上得到印证。因为覆烧法最适合烧制盘、碗等适宜叠放的器物，口沿因要接触匣钵壁或支圈，为防粘连，需擦出或留有不施釉的"芒口"；而有"芒口"的器物，在两宋官瓷的传世作品中是找不到的，当然也是北宋官瓷"紫口铁足"的典型特征所不允许的。作品有"芒口"何以会再出现青釉中微微泛紫的"紫口"呢？

匣钵装窑这一装烧技艺，对作品的最后烧成有着极为重要的意义。据史料记载及当代官瓷恢复的装烧经验而言，匣钵装烧，往往把大匣钵装在窑的中间（段），小匣钵装在窑的前、后段。主要因为窑中火力强，适于烧大件，前段、后段火力相对较弱，烧小件更为合适。具体的装窑技术一定要注意两个方面：

小琮瓶

一是在追求最大值的装窑量的方针下，匣钵的排列一定要合理有序，要留出一定的间隔使窑内形成合理的火路，便于下火通风。依据笔者的装烧经验，视窑的容积大小及烟囱的抽力，匣钵间的距离一般留二指至二指半宽，抽火力强，二指宽即可；抽火力不够，增至二指半宽。关键要领是，装烧匣钵的排列，横行与纵行间要错开，即从纵向看，每一纵行不能排得整齐划一，一定要单双数错开排列，避免一眼到底的直通通道。这样排列的作用，是利用错落有致的匣钵柱阻挡火路，使窑内处处形成小倒焰，让匣钵能四面受热均匀。如无视这样的装烧原则，将匣钵装成直通道火路，便会人为地增大抽力，使窑内存不住火，上下温度很难均衡，窑温也很难上去，即使温度上去了，匣钵背火的一面也烧不透。当然，任何事情并非一定要墨守成规，有些烧窑大师，往往在窑的前后段也间隔地装着大匣钵，主要目的还是为了调节火力，追求窑内温度均匀，同时也可使匣钵柱更加稳固，减少窑内匣钵坍塌事故。二是窑工要熟悉窑位，只有掌握何处窑温高，何处窑温低，才能知道如何加火以确保窑内升温均衡，这是一个好窑工最根本的技能。一般来说，因窑火随烟囱的抽力走，窑前部和后部温度稍低，中部温度较高（现在气窑因喷火嘴向上，则顶部温度较高），烧窑时，第一要素就是尽量减小窑内的温差，否则，窑位温高处易过火而窑位温低处却烧不透。需要说明的是，熟悉窑位的另一层意思是知道哪处窑位成器的概率高，亦即知道哪里是窑的最佳窑位，烧出的作品效果最好，这样便可有选择地将一些重要器皿放在该处，以求得成品率。

匣钵装烧是一种优秀的烧制技艺，因为放入匣钵内的作品在焙烧过程中受热均匀，保温性能很好，升温和降温均缓慢得多，这对作品的玉质感和柔和光泽的形成都有很大的好处，可获得很

小唇口瓶

好的艺术效果。当下因为环保和合理利用能源的问题，柴窑和煤窑大多被燃气窑取代（这里主要指的是烧还原瓷种的窑口），匣钵装烧正在成为历史。但笔者认为，无论是用柴、用煤还是用液化气，陶瓷艺术终究是火的艺术，而作品的烧成又是全部工艺的关键，全靠火来成就。想烧出好东西，合理地使用和控制火温（烧成制度），才是陶瓷烧制技术的根本。无论使用什么燃料，只要领悟匣钵装烧之于陶瓷作品烧成的意义，即可从中受益，制定出最合理的烧成制度，以改善作品直接受火的一些弊端，解决一些因升温、降温速度过快而造成窑内温差过大等烧成缺陷。当然，气烧和煤烧、柴烧在作品成果上，还是有一定区别的，据现代科学研究，煤烧和气烧的区别在于，煤中含有的硫化物，在高温反应中，所产生和形成的化学气氛对瓷釉的质感和光泽极为有益。因此，在烧制技艺方面，随着窑炉技术的革新和不断完善，目前有些窑口为了追求煤烧的质量，开始使用柴、气两烧的窑炉，可谓颇具匠心。使用

这类窑炉，一般在氧化阶段使用气烧，进入还原阶段，则改气为柴或煤。柴烧的火焰绵长，煤烧的火力绵和，升温慢，气氛纯，对作品的烧成品质很有益处，且更近传统的烧制技艺。据笔者所知，仅就河南陶瓷界而言，当下不少著名的陶瓷大师都已经使用这种"两栖"的窑炉来烧制自己的作品。因笔者无这种"两栖"窑炉，无以谈什么烧制经验，可以一言的是，笔者曾在作品烧制到还原阶段时，设法添加雾化硫黄的技艺，来改善作品的烧制质量和艺术品位，虽曾取得一些经验和效果，但终究只属于探索和试验而已，无什么固定的章法。

话说回来，匣钵装烧，最终目的还在于烧。《菽园杂记》在描述古人烧窑时言"用泥筒（即匣钵）盛之。置诸窑内，端正排定，用柴篯日夜烧变。候火色红焰无烟，即以泥封闭火门，火气绝而后启"。"篯"当是竹木之类的燃料，"以泥封闭火门，火气绝而后启"，所言亦即还原烧制的技艺，加上匣钵"端正排定"的装窑方法，让我们对匣钵装烧的技艺一览无遗。确实，器坯受庇于匣钵，在窑炉中不直接受到火焰和烟灰熏染而损坏的情况下，瓷釉的呈色及质感基本上是由"日夜烧变"的烧成温度和火焰的性质（还原焰或氧化焰）所决定的，作品釉质及釉色品质的高下，在釉料配比及瓷泥练制的基础上，也基本取决于最后入窑的烧成。故注重烧成质量，确保作品在最后的烧制程序中尽可能不出现瑕疵，制定尽可能完善的烧成制度尤为重要。虽陶瓷作品的烧成制度是由坯、釉料的组成和性质，坯体的形状、大小和厚薄，以及窑炉结构、装窑方法、燃料种类等诸多综合因素所决定的，但总的来说，其烧成制度不外乎温度制度、气氛制度和压力制度这三个制度方面的因素。当然，这三个基本制度在作品的烧成上，互相之间影响很大，堪为密切关联。温度和气氛制度，要根据不同作品的不同要求而确定，基本取决于釉的成熟温度以及是氧化呈色还是还原呈色；压力制度则是保证温度制度和气氛制度实现的条件。故而要烧成一件艺术品，必须使这三个制度通过合理的燃烧操作，诸如控制入炉的燃料量，亦即加煤频率或液化气燃烧的压力，以及排烟量、烧成时间和装窑方式等参数的合理配合才能实现。于北宋官瓷作品的烧成而言，影响作品性能的主要因素是温度和气氛，温度制度包括升温速度、烧成温度和保温时间长短以及冷却速度快慢等参数，而气氛的强弱对作品釉色、釉质的品质，比温度制度显得更为重要。可以说，掌握合理的烧成气氛，能使釉色、釉质更为优良，此乃官瓷品质的一个重要保证。当然，基于烧成制度关乎作品的成败，任何一个窑口，都必须有一整套适合自己作品烧制的烧成制度。但源于北宋官窑传世品独高的艺术品位，以及当代恢复宋官窑青瓷烧制技艺专家们的艺术实践，笔者觉得，将中国青瓷艺术推到令人高山仰止的北宋官瓷，实拥有着更为完善和完美的烧

小玉壶春瓶

火的颜色与温度的对照

火焰颜色	温度 /℃
初期微红色	400~500
暗红色	650~700
淡红色	900
亮红色	1000
橙黄色	1100
亮橙黄色	1200
略近白色	1230（烧成）

成制度。

当然，无论怎样珍贵的匣钵，其载器入窑，能否最终烧成一件真正的艺术品，就看怎么控火烧制了，这是复杂的制瓷工艺的最后一步，也是最关键的一步，从业内流传的"生在成型，死在烧成"这一句，也可看出烧成工序的重要和不易，于作品而言可谓"生命攸关"。确实，匣钵入窑，炉火一点，已非人的主观愿望所能控制了，影响作品性能的主要因素完全有赖于窑内的温度和气氛，亦即瓷釉的呈色及质感，全是由烧成的温度和火焰的性质决定的。说青瓷乃中国陶瓷的代表，就是因为青瓷是真正意义上"火"的艺术，其烧成的艺术品质非人工所能控制，完全在于自然窑变，不像两宋以后兴起的各类彩瓷那样，画工及造型的作用高于烧制。因此，从某种意义上来说，或许正在于两宋青瓷艺术的巅峰无法超越，国人才另辟蹊径，开始创制诸如青花、釉上彩、釉下彩、粉彩、斗彩乃至珐琅彩等彩瓷艺术品。值得说明的是，青瓷和彩瓷最根本的艺术区别在于，青瓷至高的品质包括釉色完全赖于自然烧成，不是人工和人们的期盼所能控制的。而彩瓷的优劣，则完全在于制作工艺，如作品是否是大师所画，画工是否精到，以及色彩和造型是否美观等等，其品质优劣很大程度上是由工艺决定的，而非青瓷那样真正意义上是"火"窑变的艺术，这也是二者各自的品位和荣耀。话再说回来，北宋官瓷的烧成，关于根据温度变化变换火焰性质，追求自然窑变艺术，窑工师傅常以瓷釉在火中开始发生变化前的温度（熔点）为转火依据，根据笔者的烧制经验而言，980 ℃左右以前用氧

小圆口贯耳壶

化焰，氧化焰主要防煤烟积存在坯件上，并且也为了把釉中的杂质烧净；980~1170℃之间烧强还原焰，使高价铁（Fe_2O_3）变成低价铁（FO_2），1170~1200℃用弱还原焰排除强还原焰时所残留的煤烟；1200℃以后用中性焰直至烧成。现在说起来，装窑点火、氧化、还原，然后弱还原再使用中性焰，最后打开窑门急冷或闷火令其自然冷却，好像程序简单明了，便于操作。其实不然，在北宋那个作坊时代，还没有今天先进的仪表工业，也根本不可能有掌控窑温的热电偶和温度表，其掌控窑温，一切全凭司火大师烧窑的具体经验，以火照为行动指南，不能有一丁点儿虚假和马虎，需要真功夫。何时加柴（煤）添火，何时快烧，何时慢烧，何时撬火，何时稳火，何时严封窑门，何时锁住烟囱通道减氧增压，何时抽薪住火，何时送风给氧等等，都极考验驾驭窑火的功力。若没有丰富的实践经验，怎能驾驭得了？从这一点而言，那时的大师，才堪为真正禀赋真才实学的大师，尤其是在当时没有直观仪表可参照的情况下，作品的烧成，全在窑工师傅的眼力和经验。当炉内火焰由红变黄，接近烧成温度时，每从窑内夹出一片火照上的瓷片，窑工师傅就知窑内作品烧到哪个地步了，温度大概达到了多高。特别是在最后烧成阶段，更是要眼力精准，瓷片一出，需要住火还是再加火延烧多久，绝对不能有半点儿马虎，因为到达临界温度也即开始脱口的作品，少几度就生，超几度就过，直接影响烧成作品的质量。

理所当然，徽宗皇帝会聚各窑口的顶尖高手到东京建窑烧瓷，是真正意义上的群英荟萃，他们无一不是真正意义上的大师级人物，这也是北宋官瓷品质保证的根本所在。上乘的艺术作品，当然不可缺少秉具上乘艺术功力的人才。据传，来往于诸多烧窑大师间的徽宗，耳濡目染，凭借自己不俗的才情和天赋，后来也熟中生巧，对司火烧窑犹有自己独到的心得。别人以观火焰的颜色来判断火候和窑温，行驭火之术，徽宗却独辟蹊径，视窑火转色，一口唾沫吐过去，靠看唾沫蒸发的程度及痰星在匣钵上汽化发出的声音，来确定如何驾驭和控制窑温，达到十分精准的神奇地步，法门堪称一绝。北宋官瓷关于徽宗"神唾驭火"的传说，讲的就是徽宗这个一口唾沫检验窑温的神技。

据传，为了追求官瓷如缎似玉的高贵质感，确保窑变能理想呈现，徽宗在对还原气氛潜心研究的基础上，从燃料到火候，经过大量的实践和试验，发明了一种极其宝贵的官瓷烧制方法，不仅将北宋官瓷"聚沫攒珠"的釉质艺术推到了极致，也极大地提高了北宋官瓷烧制的成品率。从一定意义而论，徽宗北宋官瓷之所以是北宋官瓷，就在于徽宗参与对烧制技艺的发明创造，其具体方法和操作步骤，世代传承均以"神火"之技相称，实为徽宗官瓷烧成制度的不传之秘。1980年开封开始恢复宋官窑青瓷传统烧制技艺时，在

小斗笠碗

小竹节瓶　　　　　　　　　　　　　　　　　　　　小锥把瓶

中国科学院上海硅酸盐研究所郭演仪先生以及设计窑炉的浙江美院邓白教授等专家的倡导下，研制者也曾依照有关北宋官瓷驭火烧制的神奇传说，专门做有大量的试验，以期能保证北宋官瓷作品烧成的质感。真是功夫不负有心人，当年高菊德先生等几个研究者通过不懈的努力，在循环往复的实践中，终于明悟并积累了一些极为宝贵的经验，探索出宋官窑青瓷最佳的烧成制度和技艺，几近徽宗当年驾驭窑火的神技。如今，这一烧制技术经多年的发展和巩固，基本已成熟。徽宗当年天才的发明，用现在的理论和实践来说，可定义为"瞬间氧化气氛"烧成法，其功效主要在除碳、除杂质和提高官瓷瓷釉的玉质感，消除釉面的贼光以及改善釉色的明亮度。在这方面，这一秘法确实是甚有神效，屡试屡验，已为当下北宋官瓷烧制者所熟练掌握。现在完全可以说，徽宗当年关于这个烧成方法的发明创造，实是北宋官瓷作品烧制过程中的精要和心髓，绝不可少，这也为当代恢复宋官窑青瓷烧制技艺的成功经验所证实。故而，仿造宋官窑青瓷的器型，照葫芦画瓢或许可以，但要是真正想把作品烧制得脂肥膏丰、温润如玉、纹裂冰肤，就不是那么简单容易的事情了——后世许多窑匠在仿制北宋官瓷时，无不慨叹官瓷难烧。官瓷难成，现在看来，问题不独在釉料配方和制作工艺，在一定程度上，还在于其不知烧制技艺中"瞬间氧化气氛"这一驭火诀窍，故烧出来的作品不是色生，就是玻璃质感太强，很难恰如其分地达到北宋官瓷如缎似玉、油质莹莹的艺术效果。特别是当下使用燃气窑炉烧制作品，喷火嘴固定不变，送气压力又匀称，排除了往昔人工添煤、添柴或撬火所引起的窑内火力和压力不停变化的问题，"瞬间氧化气氛"就显得越发重要。至于这"瞬间氧化气氛"的烧成技艺究竟是怎么回事，又是如何具体操作的，实为当下开封北宋官瓷烧制技艺中的不传之密，笔者实不敢直白地道出。怎样去理解和操作，就全靠个人的悟性了，依照对这个驭火诀窍的定义，相信有心人自会通透觉悟。

第五节　北宋官瓷的恢复工作总结及作品鉴定

恢复宋官窑青瓷国宝级的烧制技艺，使失传近千年的艺术瑰宝再现人间，造福子孙万代，不仅是历史赋予开封的使命，也是北宋官瓷原产地开封义不容辞的神圣职责和光荣，对传承我们伟大祖国的非物质文化遗产，弘扬北宋官瓷文化，巩固和发展北宋官瓷独高的历史文化地位，都具有十分重大的现实意义和社会意义。1981年开封市工艺美术实验厂正式开展恢复试制工作后，余秋里副总理更是翘首以待，盼望着好消息能早日传来。当然，众多专家学者和参与具体科研攻关的技术人员、员工，无不怀着一种美好的期盼。特别是直接参与试制工作的科研人员，更为一种崇高的责任感和荣誉所激励，以高度的工作热情和加倍的努力，致力于宋官窑青瓷烧制技艺恢复的研制工作。

经过充分的参访学习、酝酿准备和项目建设，在中国科学院上海硅酸盐研究所的大力支持及协助下，试制工作很快便进入到核心试验层面。经由对汝瓷、南宋官瓷化学成分分析及胎、釉组方的深入研究和综合，时任开封市恢复官瓷领导小组副组长及试制组组长的高菊德先生，在研究人员确立基本配方的基础上，以自己多年从事工艺美术及烧制艺术陶瓷的智慧和经验，组合出第一个将北宋官瓷烧制成功的釉方（当时编号为4号方）。虽然依此釉方烧成的作品的色泽和开片等艺术效果还略偏灰和偏碎，没能完全达到传世作品的高度，但其如玉的质感已在最大程度上接近了北宋官瓷传世品的神韵。在研究人员经历百余次烧制试验后，正是高菊德先生霞光般的第一个北宋官瓷的组方，将宋官窑青瓷的恢复试制工作带到了光明的正途。郭演仪先生闻讯后，迅即从上海赶赴开封取样，对高菊德先生的组方进行研究分析，随后围绕高菊德先生的组方，并在高菊德先生的主持下，展开了优化组方及提高艺术品质的试验。1982年秋，经高菊德先生的精心挑选，恢复研制的第一批北宋官瓷作品送往北京，余秋里副总理看到莹莹如玉、色泽纯净的北宋官瓷高仿作品，深感快慰，一种本已失传的优秀文化终于在自己的关怀下成功恢复，这怎能不让老人家的心头充满幸福？手抚北宋官瓷如缎似玉的作品，余秋里副总理高兴之余，委托工作人员表达自己对参与试制工作的全体人员的真诚谢意，感谢他们为传承民族文化事业所付出的心血和努力，并郑重地提议应该为科研人员记功。随后，余秋里副总理指示中国轻工业部，宋官窑青瓷烧制技艺的恢复意义重大，建议组织专家学者对恢复试制的作品进行鉴定，并对试制工艺进行全面的论证和总结，巩固恢复宋官窑青瓷项目的科研成果。开封北宋官瓷研究所全体人员得到消息颇

鸭嘴执壶

为振奋，并在上级主管部门的关怀下，依据自己烧制的优秀作品，正式提出恢复宋官窑青瓷烧制技艺及作品的鉴定申请。

1984年，中国轻工业部专门下发文件，指派河南省第二轻工业厅组织全国古陶瓷专家召开"仿宋官窑青瓷鉴定会"，对已成功恢复的宋官窑青瓷国宝级烧制技艺及所烧制的作品进行鉴定。同年6月16日至18日，在中国轻工业部和河南省第二轻工业厅的邀请及组织下，来自全国南北两派的古陶瓷专家共赴盛会，莅临开封宾馆。此也为中华人民共和国成立以来为鉴定一个瓷种与会专家规格最高、阵容最为整齐的一次鉴定会，几乎囊括了当时南北两派最著名的古陶瓷专家学者。

鉴定委员会由河南省第二轻工业厅厅长赵国琳先生任主任，由冯先铭、邓白、李国桢、叶喆民、郭演仪、宋伯胤、傅振伦、刘菱芬、汪庆正、游恩溥、瓮臻培、朱培南及开封市副市长朱振澄等为副主任，由李知宴、安金槐、赵青云、仝武扬、王云海、吕品田、晋佩章等著名专家学者为委员，共计34人组成。鉴定会在赵国琳厅长热情洋溢的致辞中拉开序幕。赵厅长回顾了三年来开封市工艺美术实验厂试制组在领导小组的具体领导下，同中国科学院上海硅酸盐研究所密切合作的历程，对试制组在资料缺乏、技术条件较差的情况卜，能锐意进取，并在全国各地专家及陶瓷大师的热情帮助指导下，经过百余次的试验，终于将宋官窑青瓷烧制技艺成功恢复的工作成就，予以了充分的肯定和高度的评价。赵厅长谈起报请国家有关部门，决定邀请专家学者莅临古都开封对试制作品进行审评和鉴定事宜时，不无自豪地说，试制组烧制的一批样品，分别送给我国南北两派古陶瓷专家们鉴赏和中国科学院上海硅酸盐研究所化验分析后，大家认为已达到了预定的仿制要求，具备了鉴定条件，成果喜人。

一统尊

最后，赵厅长恳切希望与会专家、教授畅所欲言，对试制的作品认真地予以评审鉴定，同时还希望专家学者对今后的工作给以指导和支持，让千古名瓷再生新辉。

其后，会议听取了开封市工艺美术实验厂所做的报告《仿试制宋官窑工作总结报告》《宋官窑及艺术风格》和中国科学院上海硅酸盐研究所与开封市工艺美术实验厂共同合作撰写的报告《宋官窑青瓷的研究和试制》，并对开封市工艺美术实验厂提供的技术文件、资料进行了认真审查和组织进行了严谨的答辩。按照会议日程，专家学者们随后又相继观看了试制工作的有关影像，实地考察了生产烧制现场。在经一系列详尽的考察和认真研讨后，会议审定了恢复烧制北宋官瓷技艺及作品的检测报告。时任中国历史博物院考古部主任的李知宴先生总结说："仿制品在造型、釉质和神韵方面均达到了历史水平，很成功，仿出了宋代官窑（官瓷）的气质，一看就是北宋官窑（官瓷），与传世品没有多大的区别，很高雅、大方，艺术上是极为成功的，使我从内心发出感叹。"浙江美院讲师、南宋官窑专家高建新先生也道："关于名称问题，关键是有没有北宋官窑。我们都认为有，就不要写仿宋官窑，就写'北宋官窑青瓷'为好。"本次鉴定会的主持人、轻工部科学研究院的李国桢先生也说："（开封北宋官瓷研究所）利用当地原材料仿制的官窑作品，大家都认为是宋代官窑的，我很高兴，感慨万千。"先生还真诚地呼吁说："这里条件差，能烧制出这么好的作品费了千辛万苦，将来生产恐怕不行，部、公司和省厅能不能再支持一下，设备要增加，场地要扩大，千万不要把这个成果再丢掉了。"

关于鉴定会启用名称的问题，浙江美院教授邓白先生直言："很多（宋官窑）传世品我们都承认它是北宋官窑，外国人也不否认，我认为它是存在的，冯（先铭）先生写的陶瓷史也写有北宋官窑……我们虽不标明哪件传世品是北宋官窑，但大家心中都有数。在开封用当地原料烧出像北宋官窑特点的官窑器是很可贵的。没有窑址，没有科学分析数据，这是历史给我们造成的困难，北宋官窑历时很短，要找到窑址再恢复，恐怕一辈子也不行，现在我们要按照我们现有的条件和可能去试制，不能等待，仿制品不提朝代反而不科学……是一就是一，是二就是二，是北宋官窑就是北宋官窑，是南宋官窑就是南宋官窑。我国传统陶瓷器检测数据没有一个准确的标准，各种同窑的瓷片化验出来的结果都不尽相同，要定一个标准就不科学了。中国名窑要看艺术标准，这是我国传统的审美要求。有没有窑址，有没有数据，这都不重要。如果不承认我遵循的这个数据，你能拿出来数据吗？不要怕这怕那，要敢于理直气壮地把北宋官窑的旗号打出去。"中央工艺美术学院的叶喆民先生对邓老的精辟见解尤为认同，先生说："文献是可靠的，可以肯定有北宋官窑……有传世品，用河南的原料在开封烧制出的官窑，不说北宋官窑能说南宋官窑吗？"故宫博物院的著名专家冯先铭先生在鉴定会上也说：

月白花觚

中一统尊

"北宋官窑有是肯定的,这个问题我和外国人辩论过,这是原则,我是坚持的。我们说有,是根据文献资料,但这还不够。我们在故宫(博物院)传世品中选了一件洗(瓷器器型),这个洗肯定是北宋官窑的,和南宋官窑的支烧方法不一样。"

最后,与会专家们经充分的讨论和酝酿,对恢复研制的北宋官瓷作品给予了高度的评价,并予以普遍认可。大家一致认为,开封工艺美术实验厂(开封北宋官瓷研究所)恢复烧制的官瓷作品,"釉色如玉,风格逼真,可与故宫博物院、上海博物院等收藏的宋官瓷传世品媲美"。至此,经过专家学者和科技工作者数年辛勤钻研和努力,开封市工艺美术实验厂不负重托,在开封用河南当地原料烧制出的北宋官瓷作品,终于为学术界所接受,并以甚高的艺术风格和品位,成功地通过了专家学者们的鉴定。

值得一提的是,冯先铭、邓白、宋伯胤等专家在生产烧制现场,看到才出窑的琳琅满目的北宋官瓷作品,如遇故友,心情激动不已,真到了爱不释手的地步,每拿起一件作品他们都不忍放下,细细把玩观赏。特别是邓白教授,从第一眼看到自己设计的窑炉烧制出的作品,便动情不已,手捧作品泪水潸然而下,让人们真实地看到一个对民族传统文化梦牵魂绕的老者,对官瓷烧制技艺成功的恢复是何等的喜悦。老人家不无感慨地说,这次来汴不虚此行,特别是看到这么多、这么好的作品,心中甚慰。老人家还由衷地强调说,这次鉴定会规模这么盛大,以前还没有过,著名专家基本上都请来了,南北两地老友相会一堂,所以这次特别高兴。官窑是龙头,开封恢复官窑是明智之举。

冯先铭先生也拉着老窑工梁金锡的手说,看到你们烧制出来这么多不逊于北宋官瓷传世品的优秀作品,我真是太高兴了,久已失传的北宋官瓷真的回到了我们的生活中,我谢谢你们。冯先铭之语朴实感人,充分表达了一位皓首穷经的学者对宋官窑青瓷烧制技艺恢复的由衷喜悦。在生产烧制现场的邓白与宋伯胤也为古意盎然的北宋官瓷作品所感染,二人热情迸发,竟与工人一道,拎起注浆桶往模具里注浆,体验亲手制作北宋官瓷的幸福,豪气不减当年。宋伯胤守候在出窑的作品前,深有感触地对大家说,有些器物上间有一两处露出坯胎,自然有趣,是最好的装饰手法的再现;紫口铁足、细纹冰裂碎片,更保留着古代技艺的特点,无疑,仿宋官瓷的研究是对传统烧瓷技艺的继承与发扬的一个好范例,也是一个非常成功的好范例。

看到专家学者们如此平易近人,工人师傅们纷纷与之交谈和合影,彼此间在北宋官瓷温润的光芒照耀下,可谓水乳交融,亲如一家(这在客观上也为北宋官瓷研究所留下了弥足珍贵的历史资料)。为了表达对开封市工艺美术实验厂成功恢复宋官窑青瓷烧制技艺的敬意,冯先铭、邓白、宋伯胤、李国桢、高建新等专家、教授,率先为北宋官瓷题词,在他们的带动下,几乎所有的专家学者均不吝笔墨,在开封北宋官瓷研究所的生产车间,发自内心地留下了他们对宋官窑青瓷烧制技艺成功恢复的最美好的祝福和赞颂。这些珍贵的题词,不仅成为开封恢复北宋官瓷烧制技艺的一种历史的见证,也为开封留下了一笔无价的文化财富,可以说这也是当年鉴定会馈赠给古城开封的一份最美好的礼物,浸润着专家学者们对北宋官瓷的无限厚爱和深情。

关于这个宋官窑青瓷鉴定会的意义和影响,笔者认为著名学者高阿申先生给予的评价和总结十分中肯,也颇有意味,先生在其《〈中国陶瓷全集〉上的一个低级错误——兼答〈立论要讲逻辑〉》一文中说:"这次盛会意义深远,实际上,它是中华人民共和国对古代开封具备建窑烧瓷能力的一次极具权威性的官方公证。"

【附录一】于乐土访谈

时间：2012.3.5
地点：开封北宋官瓷研究所
访问者：《国家艺术》杂志社记者钟龙荣
被访者：于乐土

记：于乐土老师你好，非常高兴和你见面。据我们所知，近年你代表北宋官瓷界参加了上海世博会、亚洲艺术品博览会等许多重要的展会，并出访了许多国家；另外，我们还注意到，作为在业内很有影响的陶艺家，你的文笔很好，不仅出版了我国陶瓷史上第一部研究北宋官瓷的专著，特别是在互联网上，在我们看到你烧制的北宋官瓷作品的同时，还看到你撰写了不少关于北宋官瓷的文章，可以说在陶瓷行业里你是一个颇有学术功力的陶艺家，对北宋官瓷文化艺术的发展和建设做出了积极的贡献。请原谅我们的好奇，今天在开始采访你之前，我们很想知道，你的名字非常特殊，是专门为从事陶瓷事业起的吗？

于：你们过奖了。我的名字乐土来源于《诗经》中《硕鼠》里的一个词句，这首诗歌可能因为是一首劳动者咏唱的歌曲，作为经典的民歌被选入我们过去的中学课本，想必你们也学过。这首诗歌的大致内容，表现的是劳动者不满统治者奴隶主的剥削和压榨，渴望能摆脱"硕鼠"到一个没有强盗的美好家园去生活。我认为既然我的名字来自诗歌，首先应该与诗有关。可能就是因为乐土这个名字源于诗歌，仿佛沾上了一点儿诗的灵气，我确实写过不少诗歌，20世纪90年代我还出版过个人诗集，写作的内容基本属于一个理想主义者的梦想和独白。今天你们来研究所采访，我不妨就用当年的一句诗来作为我们互动的开始吧："从平凡而简单的生活／我们抵达这里／目光纯洁／内心充满对诗的热望和感激"。不过，今天我们因为陶瓷相会，应该把"诗"字换成"陶瓷"。

至于乐土是否和陶瓷有关，答案是显而易见的，无土何以制陶？去年我到韩国参加

"京畿世界陶瓷双年展"，看到每个展览馆里都专门设有"土乐教室"，指导孩子们学习陶艺制作，倍觉新鲜和喜悦。我看到不少孩子在那里乐此不疲地玩泥巴，那种认真和执着，让我深信和我的名字相关的这些"土乐教室"，就是一个个未来陶艺家的摇篮。那时我也突然觉得，自己的名字确实与陶瓷有着不解之缘，这或许就是冥冥中注定的也是无法抗拒的宿命吧，陶瓷应该是我今生真正的事业，今生真正的责任和义务。

记：我国是一个享誉世界的陶瓷古国，在陶瓷烧制技术与艺术上所取得的成就，举世无双，震烁世界，对人类文明、进步做出了巨大的贡献，陶瓷可以说是我们中华民族的光荣和骄傲。不过，于老师，虽然我们知道我们国家的陶瓷种类不胜枚举，有龙泉窑、景德镇窑、耀州窑、磁州窑等众多窑系窑口，还有脍炙人口的"官、汝、哥、定、钧"五大名窑，但说实在的，或许是现在烧制北宋官瓷作品的人员不多，影响也远不及河南的汝官瓷、钧官瓷，我们对北宋官瓷的了解因此很有限，我们今天想请你对北宋官瓷的创烧历史和艺术品质做些介绍和评价，让我们能对北宋官瓷有一个更深的了解。

于：正如你所言，我国是一个享誉世界的陶瓷古国，我国的陶瓷艺术也确实是人类最优秀的一份传统文化遗产。陶瓷业在我国发展至宋代，步入鼎盛时期，出现了"南青北白"和包括福建建窑黑釉瓷系在内的"八大窑系"，以及"绝唱千古"的"五大名窑"，景象前所未有。北宋官瓷是其中一个非常具有代表意义的瓷种。人们把"五大名窑"中的汝瓷、钧瓷更名为汝官瓷、钧官瓷，这只是近年才出现的一种叫法，历史上从没有这种叫法。虽然我国的陶瓷种类繁多，历代也不乏以帝王年号或地名称谓的"官窑"，但被称作官瓷的，在我国陶瓷史上，实为一专属名词，特指两宋官窑的作品。

作为宋代五大名窑之一，北宋官瓷创建于北宋年间，是宋徽宗引入汝瓷及开封东窑等窑系的制作精华，并遴选全国制瓷名匠，在当时北宋都城开封创制。虽与当时诸窑同世而立，但诞生于艺术帝王徽宗之手的北宋官瓷，源于其非凡的地位、举国之力的投入、纳天下巧工的技术和深蓄着徽宗个人艺术才华的追求，乃至高居庙堂的拥有者，其鹤立鸡群是不争的事实！从中国陶瓷史的意义上言，北宋官瓷不仅是我国陶瓷史上第一个由朝廷独资投建的窑口，也是第一个被皇帝个人垄断的瓷器种类，在很大意义上象征着皇权；从陶瓷艺术角度而言，北宋官瓷珍稀的作品，称得上是大师巨匠精湛技艺和徽宗个人杰出的艺术才华双剑合璧的典范，凝聚着深刻的传统文化内涵。因此，北宋官瓷自问世以来，便因其特殊的历史地位和徽宗对中国陶瓷艺术尽善尽美的追求而孤标傲世，素有"王者之瓷，社稷神器"的盛誉。

至于徽宗的窑口为何叫官窑，作品为何叫官瓷，明代诗人高江村在他的《酬苍林宋钧窑歌》一诗中提到官窑时，留下这样的诗句——"烧成唯献至尊用，郑重特以官窑名"，老先生对官窑瓷器的意义，把握得十分到位，认为官瓷是唯帝王（朝廷）拥有的陶瓷种类。我个人也觉得，官瓷在真正意义上不应该是"民代官烧"或"官搭民烧"，从生产资料的占有，到生产资料的管理，乃至到制作艺术以及作品的使用，无不体现官资、官管、官艺、官用的根本原则。特别是作为一代艺术帝王举国之力创建的北宋官瓷，其出身皇室，在深蓄徽宗个人艺术理想的同时，烧制的作品也只供朝廷专用，在当时也是中国历史上唯一没在市场上流通的瓷器。故向有以"识得官瓷面，江山坐一半"之说来形容北宋官瓷作品的使用、玩赏和收藏范围的珍稀和特别。北宋官瓷仅局限在帝王将相的圈子内，当然成为一种尊贵和权势的象征。清乾隆帝为此也专门题有"当日官窑禁外用，岂知庙市货寻常"的诗句，赞叹北宋官瓷庙堂独享的文化气象。

所以，今天我们从北宋官瓷的创制历史和拥有者的角度上去考量，所谓官瓷，从一定意义上来说，绝非有过贡御历史的窑口便可拔高为"官瓷"。鉴别真正的官窑或官瓷，应考察其生产关系是否禀赋"朝廷置场、内府制样、大匠考工、兵士供役"的标准和特点，以及烧制的作品是供朝廷专用还是作为商品出售。北宋官瓷的创世，在文化传承以及追求徽宗超乎想象的美学精神之上，最具历史意义的是，北宋官瓷不仅为中国官府手工业开创了一个陶瓷官窑制度，并成为后世陶瓷官窑制度的典范。今天，作为我们伟大民族最优秀的陶瓷文化遗产，很多研究者都有这样的共识：凝聚着徽宗个人艺术才华的北宋官瓷，对我国的青瓷艺术实有着卓越的贡献并产生了经久不息的影响。

记：按照于老师所讲，北宋官瓷与汝瓷、钧瓷包括其他一些陶瓷作品的一个重要的区别，在创制上就是直接诞生于艺术皇帝徽宗之手，或者说是徽宗个人的一个瓷器品牌，禀赋着徽宗个人的艺术才华，这是其他瓷种根本不能具有的；从使用上来说，北宋官瓷为朝廷所置，烧制的作品纯属国器，为当时北宋王朝所独享，不会出现汝瓷那种"唯供御拣退，方许出卖"的现象，这让我们对北宋官瓷的创制历史和它的历史地位深为敬重。我们想知道，如于老师所说，器出名家高手、孤标傲世的北宋官瓷，在造型艺术和陶瓷美学的追求上，和其他瓷器的区别在哪里？

于：北宋官瓷当时作为国家礼器的创制，与一般民窑当然有较大的区别，北宋官瓷造型通常以仿三代青铜器、玉器为主，追求单纯、简约和端庄，线形不张不弛，以含蓄典雅、静穆大气的美学原则为圭臬，作品求正不求奇，严格以徽宗诏敕编纂的《宣和博古图》中所收录的古礼器为造型蓝本，也即一些古陶瓷专家所说的，依"名古器"为造型依据，作品件件有典，禀赋深意。清代学者许之衡在他的《饮流斋说瓷》一书中，论及官瓷的造型时也深有感触，写下了"官瓷重楷模，精华四海萃"的诗句，对官瓷荟萃四海精华的艺术风范给予了极高的评价。

北宋官瓷作品器型主要分为两大类：一是礼器，主要为朝廷举行礼仪活动所用，代表作品有瓶、尊、鼎、炉、觚、盘等器型；二是文房用具，此与徽宗个人的喜好密切相关，也主要服务于徽宗的文化志趣，并深蓄着徽宗个人的艺术才华和风采，代表作品以"文房四宝"为主。其之所以能成为一个系列，主要在于北宋官瓷笔洗的造型在抽象、唯美的艺术层面上"格物致知"，器型千变万化，计有直口、荷口、葵口、寿桃、弦纹、兽头、兽耳等多种样式，可谓琳琅满目，无有穷尽，充分体现了徽宗的文化智慧和艺术创造。

另一方面，作为国仪之用的礼器，北宋官瓷不仅极为讲究造型的规整和法度，在艺术创作上，对传统美学中"自然天造"的法则，更有着一种近乎宗教般的信仰。北宋官瓷作品不涂不绘，不渲不染，不雕不琢，不镶不嵌，将陶瓷艺术的美充分地融入"平淡""简易"和"含蕴"之中，用本质的美来实现一种"不饰之饰"。这其实也是一种中国传统文化思想长期熏陶下凝铸的美，是一种"出水芙蓉"般自然可爱的美。从这种纯粹、朴和的美中，我们可以窥探到中华民族朴素无华的精神风貌，以及淳厚朴实的民族精神，使其在更高的艺术层面体现出中华民族的文化魅力。

毫不夸张地说，北宋官瓷古朴、浑厚而不失精巧、俊秀的造型，充分体现出徽宗个人独具禀赋的文人气质和文化气质，其作品比例协调，曲线优美，形态恰到好处的神妙，实可给人以多一分显肥，少一分则瘦的艺术惊叹。这也正是区别其他瓷器种类或者说是其他瓷种和窑口对北宋官瓷追仿不像的根本原因所在。其实，北宋官瓷釉质如冰似玉的纯净和莹润，乃至其纯正、稳定和深厚的釉色，以及其独特的陶瓷美学意蕴，自创制以来，一直为后世陶艺家所高山仰止。

记："官瓷重楷模，精华四海萃"，这句诗作为官瓷文化的一种写照，原来其中还蕴含着这么多关于徽宗的美学理念与文化意义。许多藏家说北宋官瓷规整大气，为众瓷典范，听于老师所讲，确实是言之不虚，这或许首先得益于徽宗个人独高的文化品位的缘故吧。于老师，刚才你还谈到了北宋官瓷的釉色和釉质，我们十分欣赏你的描述，请你讲一下好吗？

于：据一些史料和一些官瓷研究者的考证，徽宗崇尚青瓷，对纯色的白瓷不很重视，认为白瓷太刺眼，有锋芒外露之嫌。并且白瓷单一的色调从釉色的艺术角度来说，当然难以抵达丰厚多变的高度。而青瓷温柔敦厚，委婉含蓄，能窑变出许多深浅不同的青绿釉色，既可体现闲散淡远的自然美，又符合中庸、中和等中国传统文化中的儒家思想，故深契徽宗之意。因此，徽宗创制北宋官瓷后，源于对青瓷翡翠般釉色的珍爱和推崇，致力追求青瓷至高品位的北宋官瓷，不仅极大地拉高了中国青瓷的文化艺术水平，也使得青瓷成为中国陶瓷最典范的代表。

当然，从北宋官瓷的鉴赏来说，北宋官瓷对釉色的追求与完善，可以说达到了一个很高的水平，其釉质肥厚，瓷无修饰，主要以釉色之美、纹裂之俏，去追求艺术上至高至上的大境界。至于北宋官瓷釉色的种类，据诸多历史资料记述，北宋官瓷常见有天青、粉青、大绿、月下白、炒米黄、油灰等釉色，且以粉青为上。如明代学者高濂在他的《燕闲清赏笺》中说，"官窑品格，大率与哥窑相同。色取粉青为上，淡白次之，油灰色，色之下也"，先生认为粉青釉为官瓷上品。不过，也有研究者认为，泛有青玉光芒的月白釉，乃官瓷釉色中的极品，徽宗尤喜之。读这些史料笔记，我觉得，所谓官瓷釉色之上下，主要在于个人的喜好而已，作品的玉质感，才是真正意义上官瓷品质的保证。因为徽宗当年不以绘彩描金为能事，完全依靠瓷器本身自然如玉的釉质和釉色之美，以及如梦如幻的开片去抵达陶瓷艺术高峰，其对釉质宛如美玉的追求，实为北宋官瓷品质的第一要素。我们知道，玉所蕴含的文化品质，堪比君子，象征着纯洁、神圣、庄严和美好，其境界当然也是朝廷祭祀活动所追求的。

值得一提的是，为追求厚重的玉质感，北宋官瓷蘸釉次数均在三遍以上，无须像民间窑口那样，为了商业利益的最大化去精打细算地核算成本。因此，北宋官瓷内外釉层厚度的总和，往往近于或高于坯体的厚度，其质感如同堆脂，纯净莹澈，抚之如缎似玉，攥之隐隐出油，手感极为细腻光滑，超越了汝瓷釉水寡薄的制瓷工艺，其瓷釉色彩和色调也因釉层的厚度而显得更为丰富。另一方面，北宋官瓷在原料选用、色调调配上也甚为讲究，尤其在原料选用上，可以说是穷其奢华，不惜代价。所选用的优质原材料，均需经夏日暴晒，秋雨滋润，冬雪冰浸和春日软化的过程，而后才碾磨粉碎，过筛成粉，进而水激池澄，掐取精炼的瓷泥再千锤百打，反复揉搓，使之化为"绕指柔"，以达到制瓷要求。此外，北宋官瓷为追求作品温润如玉的乳光质感，还特别添加有品质上乘的翡翠、玛瑙等玉粉入釉，南宋诗人马祖常因此写出了"贡篚银貂金作籍，官窑瓷器玉为泥"的诗句，对官瓷尊贵稀有的品相大为赞叹。这等举国之力且根本不考虑产品利润，敢用如此精工珍材制作的瓷泥及釉药来制瓷，也自然成为注重烧制成本的民间窑口不敢攀比北宋官瓷的一个主要原因。

记：于老师，据我们了解，北宋官瓷的传世作品留有不少乾隆帝的诗词刻铭，有人统计仅台北"故宫博物院"的藏品，刻铭就达十余首，由此可见乾隆帝对北宋官瓷的钟爱，其中"色自粉青泯火气，纹犹鳝血裂冰肤"一句最为著名，将北宋官瓷质若青玉般朴和的光芒，以及"纹犹鳝血"的开片艺术描述得非常到位，几乎成为一句概括官瓷艺术特征的口诀，常为人所引用，再加上品鉴北宋官瓷"紫口铁足"的老生常谈，"龟背片、鳝血纹、紫口铁足、温润如玉"便构成了官瓷作品的基本艺术特征。今天在你这个行家面前，于老师，你认为这种说法契合官瓷的基本定义吗？或者说藏家用这种说法去鉴定官瓷合适吗？这些艺术特征又是怎样形成的？

于：你说的这些官瓷特征，是北宋官瓷独特的烧制技艺所形成的最典型的也是最根本的艺术特征，也就是说是官瓷所独具的，当然适合来鉴别官瓷了。不过，以我个人制瓷的经验，我觉得这个说法还需做些注解：一是不能将这些艺术特征单列出来去论官瓷，它们是一个不可分割的整体，因为"紫口铁足"在开封陈留东窑的东（冬）青瓷以及哥瓷上也可看到；开片瓷就更多，如哥瓷的"百圾碎"、汝瓷的蝉衣纹，包括钧瓷的天青、天蓝等单色釉，都有开片。北宋官瓷独特的是，这些艺术特征，是一种整体的反映，并且全是以有明确目的的工艺去追求的。比如在开片的艺术处理方面，除了哥瓷像官瓷一样把对纹片做线当成一道工艺，汝瓷、钧瓷对开片均不做任何艺术处理，完全任其自然。二是我刚才说了官瓷的器型艺术，我认为鉴别官瓷，应先看它是不是礼器，器型是否合乎法度，也就是器型是否规整、端庄，是不是"器印青铜"，即是否是按三代礼器造型。许多民间的窑口，对官瓷虽不乏倾心的模仿，但往往只注重大体形状而不追求精严法度，缺乏审美情怀，所以器型达不到礼器的高度，与官瓷的端庄高雅有很大的差距，让人看着总觉得有些别扭，难尽其善。

至于这些艺术特征是如何形成的，这就涉及官瓷的制作技艺了。由于北宋官瓷选用含铁量极高的瓷土制胎，这种高含铁量的胎体经高温还原烧制,胎骨可泛出黑紫颜色,而作品器物口沿处因所施之釉经过精心的处理,在烧制过程中微有下垂,致使内胎微露,便产生了"紫口"特征;而足底无釉之处,由于气氛还原,则成为黑红色,是为"铁足"。从艺术角度说,"紫口铁足"是北宋官瓷典型的艺术特征之一,其独特风韵和神采,突破并改变了中国青瓷单一青釉瓷面的简陋状况,其以精美典范的艺术变化,提升和丰富了中国传统的青瓷艺术。

北宋官瓷釉面的开片,得益于独特的胎方和釉方膨胀系数不一的配比,以及独到的制作技艺,使之烧制出来的作品,所开片纹极富节奏感,如粼粼水波,晶莹剔透,开片不仅自然流畅,且小器型也可开出纹如鳝血的龟背大片,产生令人惊叹的纹裂美。尤其是北宋官瓷釉下幻放开裂的梅花冰片,更是一绝,其大小不一,花片相叠,全器盛开,神妙之处竟能多达七层以上,真如梅花绽放,绝对鬼斧神工,美至极致。乾隆帝能为北宋官瓷题诗刻铭,对其钟爱有加,足可从中体会到官瓷非凡的艺术品位了。

记:我们常用"浑然天成,巧夺天工"等词来形容精美绝伦的艺术珍品。于老师,依你所讲,北宋官瓷从造型、釉质、釉色、纹片,一直到它精绝的工艺和自然、唯美的艺术品位,无不趣致拔俗,令人心生赞叹,用"浑然天成,巧夺天工"来赞美北宋官瓷,可能一点儿都不为过。从另一角度来说,北宋官瓷能有如此高的艺术品位,应该超越了本身的制瓷技艺而成为一种个性鲜明的陶瓷文化,因为从工艺到艺术到学术,是文化成熟的标志,这也应该是北宋官瓷独具魅力的意义所在。于老师,你是如何理解北宋官瓷从它的制瓷技艺到它的文化创造的?

于:确实,工艺创作是人类最具体的文化活动和文化资产,不仅讲究"用",更兼及"美"的追求,这正如《周礼正义》所言:"天有时,地有气,材有美,工有巧,然后可以为良。"徽宗创制的北宋官瓷,融合了丰富的人文思考、多样化的天然取材、经典的创意价值和文化价值,在孕育出独特的陶瓷艺术美学外,也打造出北宋官瓷独特的艺术品牌。毫不夸张地说,北宋官瓷以人文艺术为基盘,以真挚的匠师精神,经由精益求精的创意激荡,从制样、选料到造型和最后的烧成,每一件官瓷作品都凝聚着工匠师傅辛勤的心血、汗水和智慧,每一件神完气足的北宋官瓷艺术作品,都是人类利用大自然赋予的先天条件与大师巨匠精湛技艺相结合所创造出的人间奇迹,禀赋着人类深深的文化烙印。从学术上讲,北宋官瓷在文化艺术上尽善尽美的追求,开创了一代美学,北宋官瓷既无精美的雕饰以哗众,又无艳丽的涂绘以媚人,唯以简单洗练的造型之美,以及釉色纹片开裂之俏所幻放出的迷人艺术魅力,来追求其平淡含蓄、至高至美的艺术境界。这种清水出芙蓉、天然去雕饰的自然美,在表现出艺术家祥和静美的内心意蕴的同时,也使得北宋官瓷艺术上的审美观与北宋文人机智静穆的神往不谋而合,故而特别适合文人的审美情趣,这当然也是中国传统文化在北宋登峰造极发展的结果。特别在强调艺术和高雅生活的今天,用自己静穆的心灵,通过对北宋官瓷艺术身临其境的鉴赏和交流,实能让我们真正感悟中国陶瓷艺术品质是何等的卓越,这当然就是北宋官瓷文化艺术的魅力所在。

【附录二】有关北宋官瓷的研究、恢复和鉴定资料

恢复北宋官窑名瓷技术协议书

官窑瓷器为我国北宋五大名窑之一，（建于宋大观间公元一一〇七年，在今河南开封。）古代窑址至今尚未发现。目前，世界上仅存的完整器物数量甚少，甚至碎片都很难得，比其它诸窑都稀有和珍贵。国家计委、河南省计委、二轻厅和开封市人民政府对研制和恢复北宋官窑的工作都非常重视，并责成开封市工艺美术实验厂承担恢复仿制工作任务。由于科学技术上的难度较大，又鉴于中国科学院上海硅酸盐研究所曾于一九八〇年开始开展古代汝官窑瓷器的研究工作，开封市工艺美术实验厂要求上硅所，研究汝官窑的有关同志协助恢复北宋官窑的技术指导工作，为早日完成恢复北宋官窑名瓷任务，双方协商，特签订技术协议如下：

(1) 上硅所确定专人帮助开封市工艺美术厂制定试制方案，搜集有关资料，参与试验。

(2) 工艺美术厂按规定方案要求，及时完成各阶段的试制，并仔细纪录工艺条件。每种品种，各试制阶段完毕后，提出阶段技术报告。

(3) 工艺美术厂负责搜集宋代官窑标本和提供各阶段有代表性的试制样品，供上硅所研究分析，提出测试和化验数据，以指导进一步试制方案工作的制定。

(4) 上硅所与工艺美术厂共完成各品种的仿试制技术总结报告。仿制成果为双方所共有。成果生产后，利润提成及双方另行商定，成果由工艺

美术厂代表双方上报，奖励共享。

(5)上硅所负责为美术厂培训化验人员一名，以利开展试制工作。（人员要求中专或大专程度）

(6)上硅所参加北京官窑研究的有关人员为恢复试制出差和部分外协化验分析费用由美术厂负责报销和支付。

开封市工艺美术实验厂　　　　　　上海硅酸盐研究所
联系人：　　　　　　　　　　　　联系人：

开封市工艺美术实验厂

恢复"北宋官瓷"汇报会纪要

位居宋代五大名瓷之首的"官瓷"恢复工作于今年九月七日在我厂开始。

十一月七日，市二轻局胡局长、毕局长、技术科王科长等、市工艺美术公司黄源理事、公司技术科张、文科长、工艺美术服务中心曾经理来我厂听取汇报。现将会议情况记述如下：

胡书记首先回放了我厂七五年以来们用瓷的试制情况，接着谈到我厂"官瓷"试制组人员组成和技术设备等情况，表示有信心在较短的时间出出样品。

试制组何法庄同志汇报了西月来访问开封市博物馆、师大、文物商店等单位，及其赴沪、杭、钧、汝等地的情况，并展示了从沪、杭、钧、汝各地索取的文字资料、南宋官瓷的仿制样品、古钧、钧瓷定、及其一些胎、釉瓦种料等，进而谈及会议后至年底的工作安排：在继续事取资料的同时，以现有资料为据，立即着手进行试制。由于我厂目前并不具备试烧条件，因而本月在禹县试烧。在试烧的同时，利用我们瓦烟窗边小型试验窑一座从到今后工作计划至年底试烧西次，希望有所收获。

开封市工艺美术实验厂

逯经理听取汇报后对我厂两个月所做的工作予以肯定。提出恢复官瓷工作势在必行决已定,不能动摇,越快越好。接着对今后工作做如下指示:

(1)、要加强对恢复试制的领导、公司派技术科文菊德同志参加试制。

(2)、每月报一次简报,将试制情况即时报告上级有关部门。

(3)、要抓紧实行,每次实行要有详细记录,以便总结经验。

(4)、尽快聘请有技术人员,加强试制力量。

(5)、从速购置化验仪器,款说要专款专用。

(6)、请对历史、考古、陶瓷有才学有经验的人招开座谈会。

会议最后,由薛局长做指示:

薛局长认为前两个月工作进展很好。要提高认识,把恢复官瓷工作作为政治工作任务,是大科技项目未完成,要下定决心"累死也要搞出官瓷"提出两条腿走路的指导思想。即、筹备和试制相结合,厂内和厂外相结合,长远和现时相结合,日用瓷和官瓷相结合。内销和外销相结合。对今后工作薛局长做出如下指示:

地址:双龙巷80号 电话:3648 3448 电报挂号:5510

开封市工艺美术实验厂

(1)、要有明确的奋斗目标，要拟定行动方案，人员如何组织，调研分儿个步骤，各达到什么目的，要切实可行。

(2)、迅速召开座谈会。

(3)、要请专家，加速试制进程。

(4)、订立每月一次的简报制度，简报发至市公司、市二轻局、省二轻厅、国家计委、国家经委、于副总理办公室等领导单位。

(5)、尽快将收集的资料汇集成册。

最后薛局长强调指出：现在万事俱备，埋头苦干的时候，希望百折不挠，早奏捷音。

恢复北宋官瓷工作简报

一九八二年三月二十八日

恢复官瓷工作至今已有半年之久，试验从今年初开始，现在胎体试验基本完成，釉的试验正在进行中。试验情况，分胎、釉综述如下：

一 胎

胎体的试验进行比较顺利。共进行三种配方试验，都取得了较好的效果。

第一种配方可塑性强，成形好，在一千四百度高温中不开裂，不变型。胎体烧制后成浅灰色。因胎体含铁量不足，施釉烧制后不可能全观紫口铁足的官瓷特色，因而需施护胎釉。在历史文献中也有上护胎釉的记载，故此，虽增加一次施釉，但仍符合官瓷制作工艺要求，故可取。

第二种配方中增加了铁的含量，除具有第一种胎料配方所具有的特性外，可以减少一次施，这样有利于质量的提高，减少废品率，缩短工艺流程，降低成本，较配方一更有可取之处。

第三种配方铁含量略大于配方二，其他性能与配方二基本一样。

配方二和三相比较哪一个配方更好一些有待于在今后的实践中验证。

二 釉

釉的配方选择比较困难。我们为了加快进度曾用小土窑进行过多少次试验，但都没有得到可靠数据，故于本月20日第一次用倒焰窑进行试烧。窑中放有三种胎体，十一种不同釉的器物，虽因煤力不及未能还原出现釉的青色，但也得到了一些值得参考的数据：

1. 在十一种釉中有五种釉出现了大小不同的开片。（开片是官瓷的一大特色），但开片较碎，这说明胎釉的热膨胀率差别还不够大，仍需改进。

2. 用1230度烧制有过烧现象，其表现在釉流动大，器物底部有堆釉现象；釉面亮光较大，与相传官瓷器物有些距离，应适当降低烧制温度。

3. 部分器物釉下气泡大而明亮，宛如珍珠，有汝瓷特色，官瓷釉下虽有气泡，但其特点是小而聚，也有待改进。

目前，我们正在研究改进釉料的配方，计划四月份再试烧两次，力争有近似官瓷的器物制出。

开封工艺美术实验厂
八二年三月卅日

官瓷情况简报

第 九 期

恢复试制北宋官瓷领导小组开封工艺美术厂发

开封工艺美术厂,自一九八一年十一月开始仿制北宋官瓷以来,在国家、省、市各级领导的关怀下,在领导小组亲自指挥下,经过全体工作人员一年多的艰苦努力,现已试制出了一批较为成功的样品。并于八二年十一月参加了在上海召开的国际古陶瓷会议,得到了国内外古陶瓷专家的好评。并提出了一些不足之处和好的建议。会后,我们对试制工作进行了全面调整,并加强了领导。经过近半年的进一步探讨研制,又取得了新的突破。今年上月初连续烧制五窑,窑窑均较理想。故六月十二、十四日、两次赴省汇报,经省二轻厅,省公司同意,由市美术公司宋国璋经理率领赴京向轻工部,公司和有关领导部门汇报,并拜访专家征求意见。

六月十五日到京后,先后拜访故宫博物院冯先铭、李毅华,中央工艺美术学院叶喆民教授、故宫博物院孙院长、杨主任以及陶瓷组刘伯昆同志,最后又特意拜访了我国老一辈古陶瓷专家付振伦同志。

专家和教授们共同的看法是:制品比去年有很大进步,釉色、纹片、光亮都很好,特别是在釉中能稳定的保持着聚沫攒珠似的气泡,很不简单。超过了明、清两代的仿制制术。如将这些仿制品和宋代真品放在一起，外行人是分不出真假的。

叶喆民先生近作《陶瓷记行》是一本以游记形式记述中国历史名瓷和近年来恢复仿制情况的书，年底将由中日联合发行。此书中记述了北宋官瓷及其特点，也提及开封工艺美术厂最近已仿北宋官瓷成功。要求我们为此书提供仿制品摄制照片，以作插图，下午我们陪同叶先生到中央轻工出版社，由日方摄影专家摄制了大笔洗和胚瓶的照片。

我们和叶教授还谈到仿制中常有脱釉综眼出现，叶先生说：脱釉现象的出现是理所当然的，这和纹片的成因有关，脱釉综眼是古瓷的一大特点，有些仿制古瓷者还专门作假使其脱釉。

六月十九日下午，我们在故宫看故宫收藏的宋代官瓷前，陶瓷组刘伯昆组长拿来了肖山仿制品和我仿制品进行对比，冯先铭，孙院长，杨主任，刘伯昆，叶佩兰等同志均认为我仿制品比肖山仿制品的釉好。综合归纳得出以下几点意见：(1)我制品呈木光有玉石感，没有浮光大的缺点。(2)我制品纹片更似官瓷，没有鸡爪纹没有惊裂。(3)我制品釉色纯净，明快，不灰不黄。(4)我制品聚沫攒珠特征非常明显，这是其它仿制品所均不能达到的。老一辈古陶瓷专家付振伦先生说："你们仿制的很象，和真的差不多，我们有点不好分辨了，外国人就更分不清了。"

同时，专家，教授也给我们提出了不足之处：(1)釉层稍薄，润度稍欠。(2)仿宋造形太少。希望我们加快节奏，尽快能成批生产。并想法搞一点手拉胚的样品。

在北京除拜访专家外，宋经理还率领我们向轻工部美术公司生产一处做了工作汇报，生产一处的吕品田同志听过汇报后说：你们工作进展很快。成绩显著，今后生产要按民间作坊形式搞，用北宋时代的生产方法进行烧制，产品要少而精，不合格的宁可打碎，也不要流传于世，产品可编号，增强购买者的珍贵感和安全感。

鉴于上述情况，根据市公司指示，我们预定今年十月份召开产品鉴定会，为此我们认为今后工作重点如下：

1. 为鉴定会生产一批（200~300）件产品，产品要求有相当一批仿宋官窑造形器皿物，有一小批手拉胚器物。

2. 由于时间紧迫，需速着手安装中型球磨机一台，建1.5立方米窑炉一座。

3. 进行产品化学分析，取得数据和宋代官瓷分析数据相比较指导今后试制工作。

4. 总结整理工艺资料。

5. 做好试验总结工作。

一九八三年七月二十日

开封市工艺美术试验厂
恢复北宋"官窑"瓷器生产的实施方案
（一九八二年三月三十日）

（一）恢复"官窑"瓷器的依据

我国瓷器历史悠久，技艺精湛，在世界上享有盛誉。宋元瓷器在国际市场誉为珍品，有"瓷作金价"之说。北宋"官窑"雄踞我国宋代五大名瓷之首，汴京"官窑"建于宋大观年间（公元一一〇七年～一一二五年），窑址即在今河南省开封市。南宋人顾文荐《负暄杂录》记载："政宣间京师自制窑烧造名曰官窑"，这段记载肯定地指明了"官窑"就在开封。

"官窑"瓷器用料取于京郊（陈留、禹县）两地，淘炼极精纯，䌷制精巧无裂纹，其品质优良，古朴典雅，色泽明快，为世界名瓷中之瑰宝。

解放以来，我国历代名瓷，多已相继恢复，唯独汴京"官窑"尚未恢复。国内外有关部门和人士对汴京"官窑"的恢复都十分关切。我台湾省和美国、日本、英国、德国都在竭力仿造。故能尽快搞好恢复工作，事关国家声誉，是振兴中华大业中的一项十分重要和紧迫的工作。

挖掘、恢复官窑瓷器是当前陶瓷艺术研究的一个重要课题，恢复官瓷也是继承我国古代文化遗产的需要，是为扩大出口贸易、换取外汇支援"四化"建设的需要。

（二）工厂概况

我厂是一座综合性工艺美术厂，生产中国画、首饰、古瓷、石膏教具、彩印、包装装璜、烙花七大产品。拥有设计、绘画、雕塑、模型、制瓷专业技术人员，全厂职工168人。

我厂占地4300平方米，厂房及办公用房3000平方米。固定资产80万元（包括现尚未交付我厂使用的汴绣厂），年产值48万元，利润4万元。

（三）恢复"官瓷"的有利条件

北宋"官瓷"建于开封，恢复官瓷是开封的一项不容推卸的重要工作。恢复工作刚一开始即得到省、市领导的关心和支持。省二轻厅赵国栋付厅长高度评价恢复工作，他说："恢复了官瓷生产是我省对中华民族的贡献。"他表示决心说："搞不出官瓷死不瞑目！"领导对工作的高度评价和决心，极大地鼓舞了我厂全体职工，厂里成立了以厂长为主要负责人的办公室、试验组，市工艺美术公司派技术科付科长到我厂主持"官瓷"试验工作。目前上下一心，思想统一，领导决心大，职工积极性高、干劲大，这是迅速恢复"官瓷"生产的动力和思想基础。

历史文献记载官瓷用料取自东均两地，今天禹县（宋均瓷州）瓷土资源丰富，原材料来源不成问题，且距离不远，便于运输。

近年来，世界上很多国家，特别是比较富有的资本主义国家都出现复古迹象，对古代艺术品、仿古艺术品需求量大增，特别是对中国古瓷和仿古瓷制品更为欢迎。传世"官瓷"数量极少，已成为世界各地著名博物院、考古学家、收藏家梦寐以求的珍宝，故官瓷恢复生产后的产品销路也不存在问题。

我厂75年开始试制艺术瓷，一般生产设备如球磨机、炼泥机、真空泥浆泵、滤泥机等也可用于"官瓷"的恢复生产工作，估计可节约设备投资十余万元。

艺术瓷的生产工艺和官瓷的生产工艺相近。制模、注浆成型、施釉、烧成等生产环节，我厂都有操作熟练的技术工人，不必进行培训，可缩短试制时间，是完成试制工作的技术保证。

早在75年我厂已在试制艺术瓷的同时着手搜集有关"官瓷"的历史资料和技术资料。81年又组织专人赴上海、杭州、肖山、禹县、临汝、北京等地调查研究，熟悉了一般青瓷的生产工艺，编篡了"官瓷"历史资料汇编。取得了"官瓷"釉胎、化学成份分析数据。为恢复官瓷找到了依据，有了指导生产实验的技术数据。

为了加快试验进度，我厂与中国科学院上海硅酸盐研究所签定技术合作协定，共同工作，携手试验，技术力量得到了加强。

目前我厂有四百余平方米厂房（原光学仪器厂全部厂房）供试验使用，新的厂房予计明年一季度可交付使用。

正式试验从今年元月份开始，短短的三个月，我们已完成了胎体的实验，确定了配料方案；釉料的试验正在进行，釉面开片已近似"官瓷"。烧制温度也和官瓷分析化验结果接近。取得的成绩给我们巨大的鼓舞，增强我们的信心。

试验完成，三次投资计划付诸实现后，根据厂房、设备规模，可容纳５０人进行生产操作，年产量　成品可达２０００件，产值５０万元，利润２０万元。

（四）官瓷试验计划和措施

国家为恢复北宋官瓷曾三次拨款。第一次于一九八一年由国家经委批复恢复北宋官瓷试验费２０万元，八一年底国家计委一次性补助基建投资５０万元再次投资，第三次于今年又为旅游纪念品基建投资２０万元。三次总计９０万元。

⑴ 截至一九八二年三月底使用情况

单位：万元

项目	单位	数量	金　额
实验费			1.8
化验设备			1.6
干燥箱	台	2	(1695.00)
光电分析天平	"	1	(400.00)
热电锅	"	1	(700.00)
稳压电源	"	1	(500.00)
电　炉	"	1	(960.00)
玻璃仪器等			(310.00)

4

3	资料费	0.1
4	调研费	0.3
5	建 窑	0.5
6	房屋修缮	1.0
7	木 材	3.0
8	钢 材	3.7
9	购旧房	7.0
10	合 计	19

八一年一次性补助基建投资和八二年旅游纪念品工艺品基本建设投资计70万元，至今没有动用，其原因在于扩建地址一直没有确定下来，最近省、市计委、厅、局、公司对我厂扩建问题都很重视，经多次研究，反复比较，今已确定原双龙巷厂址改造扩建，目前正在准备图纸，予计今年六月可以正式破土开工，年底揭顶，八三年一季度扫尾安装，为加快进度准备选择现成图纸，请机械化程度较高的省四建承建，我厂由一名副厂长组织筹建小组主管基建工作。

(2)分项投资计划

一九八二年三月前用去19万元，余71万元。使用计划如下：

项　目	面积（规格）	单价（元）	金额（万元）
一、土建			32.1
1.建厂房	1600㎡	160	25.6
2.锅炉房	100㎡	150	1.5
3.窑炉	5（座）	10000	5
二、搬迁补助			5
三、生产设备			25.64
1.粉碎机	1台	2.5	2.5
2.单刀机轮	1台	0.4	0.4
3.双刀机轮	1台	0.8	0.8
4.球磨机	200kg 4台		1.44
5."	100kg 2台	0.25	0.5
6.工厂快装锅炉 附件	KZL2-8	3.7	3.7 3.5
7.煤气设备			4.4
8.上下水设备			2.5
9.电气设备			3.1
10.载重汽车	1辆		2.8
四、化验设备			2.62
1.偏光显微镜	1台	1.4	1.4
2.电炉	DRZ-4（2台）	0.11	0.22
3.高温电炉	DRT-8 1台	1	1
五、试验费			6
1.试验费			4
2.调研费			2
六、不可予见费			6.34
总计			77.1

此表总计77.7万元，超余额6.7万元，该款系购建筑原材料所占用。

（五）基建完成后房屋使用情况的安排意见

（1）工艺流程情况

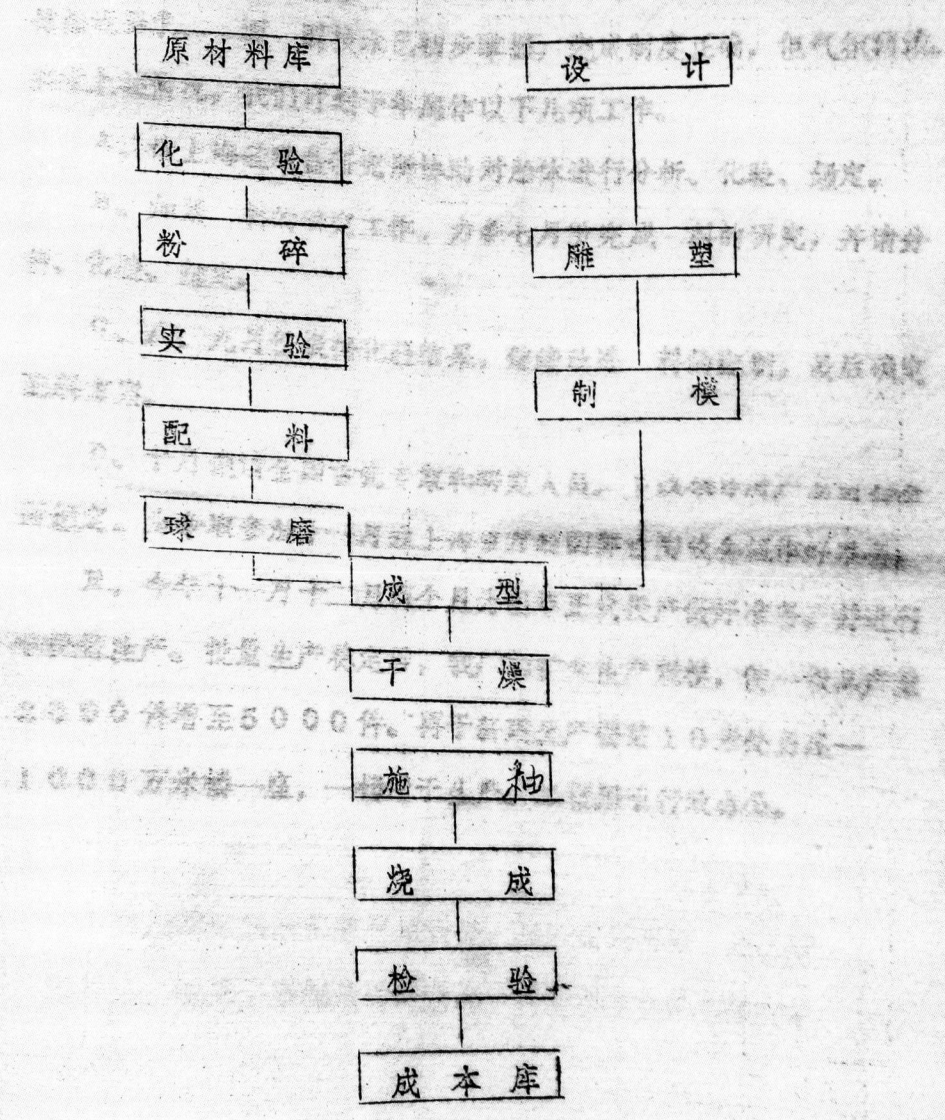

```
原材料库        设　计
   ↓             ↓
 化　验         雕　塑
   ↓             ↓
 粉　碎         制　模
   ↓             
 实　验          
   ↓             
 配　料          
   ↓             
 球　磨          
   ↓             
 成　型 ←────────┘
   ↓
 干　燥
   ↓
 施　釉
   ↓
 烧　成
   ↓
 检　验
   ↓
 成本库
```

(六) 试验进度和措施

四月十九日我厂邀请上海硅酸盐研究所专家莅临我厂指导。专家们观察了历次试验制品，认为试制遵循的道路及目标基本正确，胎体接近要求，面裂技术已初步掌握，烧成制度正确，但气氛稍浊。鉴于上述情况，我们计划于年底作以下几项工作。

A. 请上海硅酸盐研究所协助对胎体进行分析、化验、鉴定。

B. 加紧釉料的研究工作，力争七月份完成釉料的研究，并请分析、化验、鉴定。

C. 八、九月份根据化验结果，继续改进釉料的配制，最后确定配料方案。

D. 十月邀请全国古瓷专家和研究人员、上级领导对产品进行全面鉴定，为争取参加十一月在上海召开的国际古陶瓷会议作好准备。

E. 今年十一月十二月两个月为明年正式投产做好准备，并进行小批量生产。批量生产稳定后，我厂拟扩大生产规模，使一级品产量2000件增至5000件。再于新建生产楼前10米处另建一1000万米楼一座，一楼用于生产、二楼用于行政办公。

原材料用量情况

按年产量一级品2000件计算每年需：

原料名称	数量
陶 土	308吨
长 石	27吨
石 英	10吨
方 解 石	14吨
氧 化 锡	0.2吨
氧 化 锌	0.2吨
铁 矿 石	3吨
锂 辉 矿	5吨
岗子窑煤	240吨
合 计	537吨

以上原材料除化学原材料外，均产自河南省，来源并无问题，唯岗子窑煤属计划供应，需请示有关领导部门予以解决。

一九八二年三月三十日

开封市工艺美术实验厂

关于变更"官瓷"若干项目中调整计划的报告

市二轻局:

我厂自一九八一年开始恢复"北宋官瓷"工作以来,得到各级领导的关心和指导,取得了可喜的成绩。拟十一月份召开鉴定会。在两年的实验中,我们对"北宋官瓷"有了更多的了解,摸索到一些特殊生产工艺,根据官瓷生产的特殊性,我们深感原计划购置的设备不完全适用于"官瓷"生产。而且必须添置一些计划外设备,为此:报告变更情况如下:

1. 原计划购大型粉碎设备一台需2.5万元。现改为五台小型设备:

　　(1) TCΦ35单缸泥浆泵。
　　(2) SG型双辊真空搅泥机。
　　(3) Φ200滤泥机。
　　(4) LN 400×100轮碾机。
　　(5) Φ350滚底成型机。
　　　　　　　共计2.3万元。

2. 需增加如下设备:

　　(1) 螺旋搅拌机 一台。

地址: 开封市双龙巷105号　　电话: 3648　3448　　电报挂号: 5510

开封市工艺美术实验厂

(3) XT2.5振动筛 一部,
(4) 30吨举起空气压缩机.

大约 0.86万元.

五五计划中增加轻卡汽车一辆, 后改为工具半截重汽车 两辆(已买卓地王, 附金一辆), 仍需再购一辆.

安全货品送出展品, 同时"明年开全国鉴定会 为了全定全、重宴性的会议. 为且为今后更好的指导研究以届次展事业. 特把方支费专项目内容如下变更:

1. 鉴定费 1.5万元
2. (a) 贵宾接 20个
   (b) 接宣接 10个
   (c) 其实 20个

      共 2.5万元

三、议 会费 4万元
四、指导厅团家调丸 1万 1.5万元
五、补上共 1万元

以上改革, 当否? 请批示

开封市工艺美术实验厂

地址: 开封市双龙巷105号 电话: 3648 3448 电报挂号: 5510

开封市计划委员会
开封市经济委员会　文件

汴计工（1983）201号
汴经工（1983）136号

☆

关于对开封工艺美术实验厂
恢复官瓷生产调整部分建设项目计划的批复

市二轻局：

你局汴二轻技字（1983）38号文，关于工艺美术实验厂调整恢复官瓷部分建设项目的报告收悉。该项目国家三次总投资九十万元。市计委汴计工（82）46号文，市经委汴经工（82）39号文对实施方案已作了批复。目前主厂房已基本完成，官瓷试样已制出，为适应生产需要，同意在总投资以内将原建设计划作部分调整。

此　复

附：开封工艺美术实验厂恢复官瓷部分建设项目调整计划表。

一九八三年十一月二十四日

抄报：市人大常委会、市政府。
抄送：市计委、城建局、市财政局、市人行、建行、统计局、
　　　工艺美术实验厂。

恢复"官瓷"部分建设项目调整计划表

原计划			调整计划			说明
项目名称	数量	金额(万元)	项目名称	数量	金额(万元)	
粉碎机	1台	2.5	TCØ单缸泥浆泵	1台	0.6	
			SG双缸真空搅泥机	1台	0.4	
			Ø200滤泥机	1台	0.5	
			LN400×100轮碾机	1台	0.63	
			Ø350液压成型机	1台	0.37	
锅炉及附件	1套	7.2	锅炉及附件	1套	4.5	
			螺旋搅拌机	1台	0.2	
			XT208振动筛	1台	0.3	
			30T摩擦压力机	1台	0.5	
			样品柜及货架	30个	1	
			其他费用		0.7	
5T载重汽车	1辆	2.8	130#汽车	2辆	2.8	已购一辆
合计		12.5			12.5	

仿北宋官窑青瓷的胎、釉化析成分分析单：

中国科学院上海硅酸盐研究所　No 004890
分析报告单　83年10月10日

样品名称	仿北宋官窑瓷				分析者
	NS-1 胎F-1	NS-2 胎F-2	NS-1 釉F-1	NS-2 釉F-2	
SiO_2	67.18	67.24	66.81	63.19	
Al_2O_3	25.64	23.88	13.31	14.56	
TiO_2	1.05	1.19	0.12	0.15	
P_2O_5	0.03	0.06	0.08	0.11	
FeO	—	—	0.40	0.34	
Fe_2O_3	2.67	3.71	0.91	1.26	
K_2O	2.06	1.82	4.89	5.63	
Na_2O	0.24	0.29	1.90	2.09	
CaO	0.79	0.60	10.76	12.13	
MgO	0.49	0.46	0.56	0.71	
CuO	0.001	0.002	0.006	0.005	

化学分析室负责人　　　　送验人签收

（一）此联交送验单位

关于申请一九八三年恢复"北宋官瓷"实验经费的报告

轻工部旅游产品生产销售供应公司：

为了尽快地恢复"北宋官瓷"的生产，我厂"官瓷"试验组的全体同志夜以继日地工作，于党的十二大召开前夕，烧制出了一批较理想的产品，通过和市博物馆珍藏的清仿"北宋官瓷"（为国家一级保护文物）对比，釉色、坯胎、片纹均已达到样似色近物征吻合的效果，接近"北宋官瓷"的水平。

一九八二年旅游产品生产供应公司拨款二十万元用以恢复"北宋官瓷"现已将近用完（购置旧厂房地皮一处用款8.2万元，购生产化验设备5.1万元，实验调研费3.6万元，下余3.1万元）。一九八三年我厂准备开展一些调研活动，探找旧"北宋官瓷"窑地，进一步试验各种风格色泽的"北宋官瓷"，以逐步形成小批量生产，予计八三年生产一级品2000件，为旅游事业的开展，增加外汇收入贡献力量。

完成上述工作，我厂现有旧厂房、试验费用尚且不足，还需经费二十万元（维修改建原购买的生产厂地1000平方米，需15万元，探找北宋官瓷的旧窑址需2万元，试验费用需3万元）。恳请上级研究解决。此报告当否！

敬请

审批：

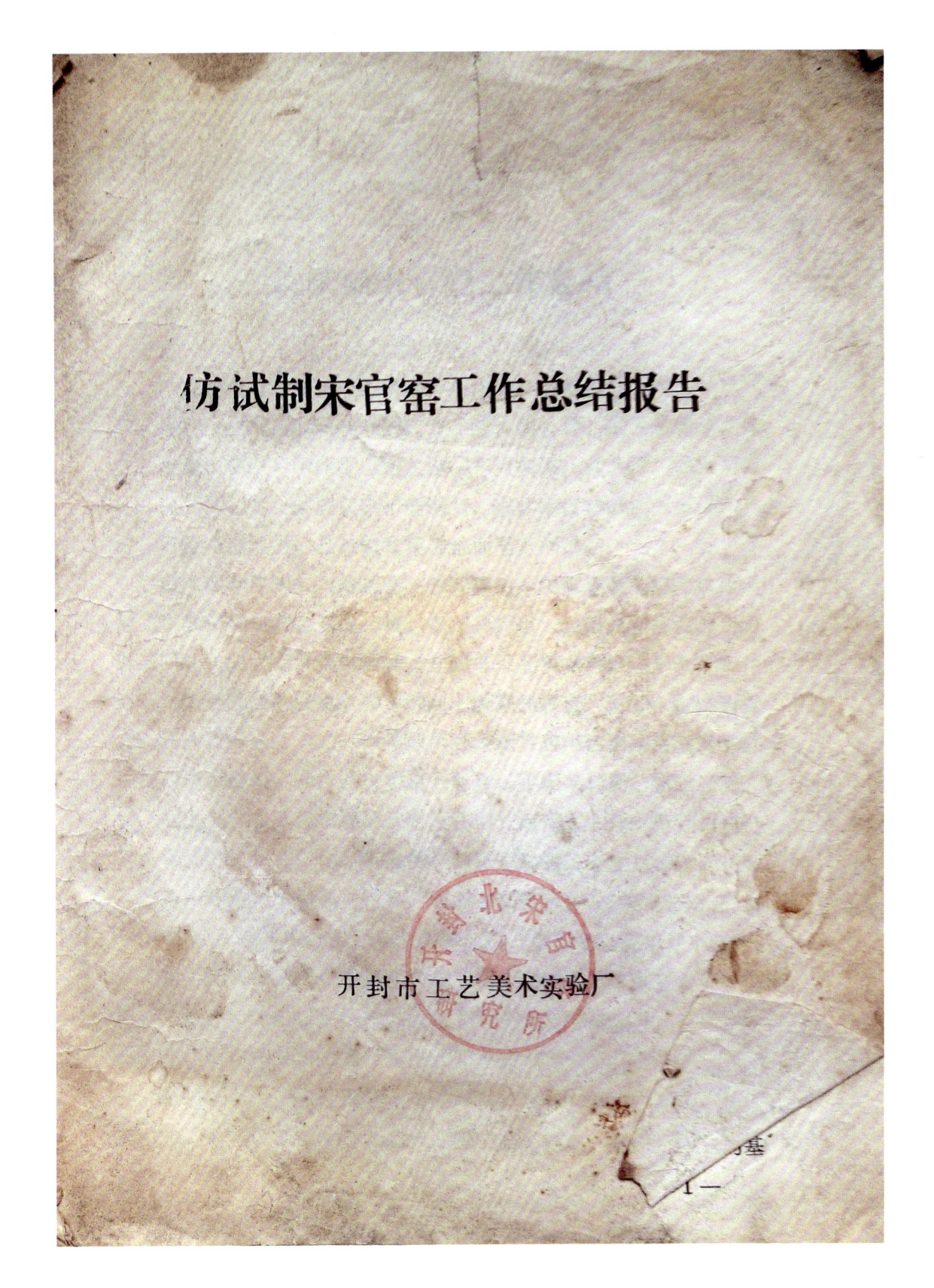

仿试制宋官窑工作总结报告

开封市工艺美术实验厂

【附录二】有关北宋官瓷的研究、恢复和鉴定资料

仿试制宋官瓷工作总结

宋代是我国瓷业发展的繁盛时期，这一时期名窑辈出，各具风彩，形成了一个百花争艳的局面。官、汝、钧、哥、定艺冠群芳，被誉为五大名窑。其中除哥、定二窑不在河南外，官、汝、钧三窑均在河南。汝、钧窑解放后已相继恢复，唯汴京官窑因其失传年代久远，恢复难度很大，且没有发现窑址而无人问津。

南宋颐文荐的《负暄杂录》和叶寘的《坦斋笔衡》都有宣政年间汴京置窑烧造官窑器的记载。因而开封市人民研究恢复被誉为"瓷器明珠"的官瓷，责无旁贷。开封市工艺美术实验厂于七十年代初即有恢复官窑的设想，曾多次向上级阐述过这一设想，但终因资金问题搁置下来。一九八○年国家经委领导曾电话询问河南省二轻厅官窑恢复情况，一九八一年和一九八二年国家计委、国家经委、轻工部工艺美术公司相继拨款恢复官窑。河南省、开封市各级领导和主管部门对此项工作高度重视，组建了以省二轻厅赵国琳厅长和开封市朱振澄副市长等为组长，河南省二轻厅、工艺美术公司，开封市二轻局、工艺美术公司部分领导参加的"恢复宋官瓷领导小组"。责成我厂组成试制组开展研究恢复工作，要求以"不恢复官瓷死不瞑目的精神，为振兴中华做出贡献！"一九八一年九月，我厂试制组组成，研究恢复宋官窑工作正式开始。

官窑瓷器是我国青瓷艺术的高峰，它卓绝的制作技艺、高雅的艺术风格决非一般瓷器可与之媲美。我厂虽有从事一般彩瓷生产的基本知识，但对青瓷，特别是官瓷的制作缺乏最基本最起码的知识，困难颇多。一无资料、二无技术，面对着重重困难，我们的工作首先从认识入手。翻阅了近百万字的历史资料和文献；访问了浙江美术学院聆听了邓白教授的精辟见解；请教了李国桢高级工程师；拜访了古陶瓷专家冯先铭先生，冯先生将几十年呕心沥血悉心收集的有关历史资料毫无保留地赐教于我们，犹为动人。我们对收集的史料进行整理、编汇了《北宋官窑历史资料汇编》一册。渐渐地对官窑瓷器有了较为清晰的认识，明确了汝窑——北宋官窑——南宋官窑的承袭关系，拟定了恢复试制的指导思想和方案。

为了取得科研单位的帮助，加快工作节奏，又鉴于中国科学院上海硅酸盐研究所曾对汝瓷进行过全面研究，并对南宋官窑进行过分析，故一九八二年三月我厂和上硅所签定了技术协作协议，共同进行。上硅所在资料、化验等方面给我们提供了不少方便，作了大量工作。郭演仪同志两次来厂指导，对试制工作提出了不少好的建议，促进了试验工作的进展。

试验工作的第二步是寻找适合制作官瓷的原材料。按历史记载，试验组赴禹县、临汝进行了大量调查工作，查看了矿源，走访了技术人员、老艺人，工作中得到了两县兄弟厂家的大力支持，取土、石样三十多种，并请上硅所化验了部分样品，取得了大量数据。

一九八二年三月实验工作正式开始，至同年六月百余天的时间里，实验胎、釉配方近百个。六月中旬烧制成象似官窑瓷器的制品。经不断改进，八月胎、釉配方基本确定。九月携带试制品赴省工艺美术公司汇报，继而赴京向部公司汇报。在京期间，请李国桢、冯先铭、叶喆民等专家给予指导。十一月请教于赴上海参加国际古陶瓷会议的中外专家。专家们对取得的成绩给予肯定：认为釉色、纹片、光泽较好，胎色略淡。中央工艺美术学院叶喆民老师特别指出：釉中"聚沫攒珠"的出现，说明釉的配制和烧成工艺已有相当水平。

八二年十一月，试验组部分同志赴杭州、景德镇参观学习。南下归来，似觉原用窑炉温差过大，成品率不高，遂毁去，按南方某厂试验窑炉结构新建一窑，试烧十余次，均不如前。改窑失败，无奈再弃之，于八三年五月自行设计一小窑，首窑成功，胜于上述二窑。这次挫折，前后历时五个月之久，教训极深。

八三年七、十两月，市工艺美术公司主要领导两次率队赴省、京向上级领导机关汇报试制情况请示工作，部公司指示：要高速度，要高质量。在故宫博物院的协助下，我们有机会将试制品和传世官瓷珍品、仿南宋官瓷做了对比，故宫博物院的领导和专家对试制品做了极好的评价，给了我们极大的鼓舞和鞭策。在京专家要求我们在造型和艺术风格方面下功夫，要仿宋象宋。故宫博物院李毅华同志给我们提供了几十种极其珍贵的官瓷图片资料。这次我们展出的样品有很多是按李毅华同志提供的图片资料仿制的。

从八一年到八三年的两年中试验组的同志们夜以继日的工作，进行了几万个数据的计算，试验了一百三十多种配方，烧制一百余次。八三年十月，中国科学院上海硅酸盐研究所对仿制品进行了化验分析，分析结果表明仿制品和南宋官窑、汝窑非常接近,达到了我们拟定的试制要求。

在试制过程中，轻工部工艺美术公司、省委、市委领导都曾到厂视察，详细地听取汇报并作有重要指示。省二轻厅、省工艺美术公司、省科委、市二轻局、市工艺美术公司、市科委多次莅临我厂了解试验进度、指导工作，保证了试验工作的顺利进展。

在试制过程中我们得到了故宫博物院、中国历史博馆、中央工艺美术学院、轻工业部技术处、上海博物馆、浙江美术学院、南京博物院、河南省陶瓷研究所、开封市博物馆等单位的支持；得到了冯先铭先生、耿宝昌先生、刘伯昆先生、李毅华先生、傅振伦先生、叶喆民先生、李国桢先生、江庆正先生、邓白先生、高建新先生、宋伯胤先生、杨文献先生等专家的指导。

今天更多的专家、各级领导，荟萃汴京，对我们的工作给予检查指导、使我们深受鼓午和鞭策。我们深信在不远的将来，仿宋官瓷制品将会有一个新的飞跃。在此对支持过我们工作的单位、专家和领导及与会同志表示衷心的感谢！

仿北宋官窑青瓷研究

技术鉴定证书

编号：

研究试制单位： 河南省开封市工艺美术实验厂
中国科学院上海硅酸盐研究所

组织鉴定单位： 中国轻工业部委托
河南省第二轻工业厅组织

鉴定日期： 一九八四年六月十八日

仿北宋官窑青瓷技术鉴定证书

一、主要技术规格和简要说明

官窑为我国宋代五大名窑之一，在国内外享有崇高盛誉，为我国文化艺术和科学技术宝库中的珍贵历史遗产。为了继承和发扬这一优良传统的制瓷技术和艺术，一九八一年国家经委下达了《仿宋官瓷研究试制》项目，由开封市工艺美术实验厂承担，与中国科学院上海硅酸盐研究所密切合作并签定了《恢复官窑青瓷研究和试制》协议，并开展了研究和试制工作。据文献记载，遗址在今开封，三年多来，在文物考古，科学技术和美术界专家们的关心和指导下，收集了各方面的建议和意见，认为在开封恢复官窑青瓷有极其重要的意义。从收集和整理历史文献资料着手，利用现代仪器设备和测试手段，对当地原料进行分析研究，并借鉴北宋汝窑和南宋官窑等研究成果作为基础进行研究和试制工作，仿制出了有代表性的官窑青瓷产品的胎质釉色达到了与宋官窑青瓷传世样品色泽质感相近似的良好效果，现将研究试制工作所取得的主要成绩归纳如下：

（1）从文献内容分析，探讨了北宋汝窑，北宋官窑和南宋官窑之间的承袭关系，利用河南当地原料仿制出质感效果似宋官窑的产品，对北宋官窑的存在提供了佐证。

（2）对河南当地胎、釉原料进行了化学分析和矿物特征研究，为北宋官窑仿制奠定了物质基础。

（3）根据当地原料，确定了仿宋官窑青瓷的合理胎，釉配方，并拟定了相应的工艺条件和流程，为今后恢复，发展和生产官窑青瓷建立了可靠的基础。仿制北宋官窑青瓷胎的化学成分具有高铝质瓷的特征，与北宋汝窑和南宋官窑青瓷相近，各氧化物含量介于两者之间，含 SiO_2 67—68%，Al_2O_3 24—26%，Fe_2O_3 2.7—3.7%，K_2O 2—3.5%，CaO，MgO，Na_2O 均在1%以下，釉具有钙一咸质釉的特点，含 CaO_2 10—12%，K_2O 5%，Na_2O 1.9—2.2%，Fe_2O_3 0.91—1.26%，在1200℃温度左右，经控制还原焰烧成后，其分光反射率曲线特征相近北宋汝窑青瓷，比南宋官窑青瓷略偏青色。

（4）官窑青瓷开片是通过胎、釉胀缩所产生的应力形成，发现纹片大小，不但可通过配方控制，尚与烧成温度高低和冷却过程有关。

（5）仿制的官窑青瓷在胎、釉质地和色调、光泽度，纹片等方面均与宋官窑传世品相似，并仿制出了一定数量产品，相应地建立了小规模的试制工艺设备和煤窑，完成了研究和仿制任务。

在取得上述成绩后根据轻工业部（84）轻艺字第16号文，委托河南省第二轻工业厅组织仿宋官瓷鉴定会函，于1984年6月16日至18日在河南开封宾馆举行鉴定会，邀请文物考古，科学技术和陶瓷美术专家、教授、工程师共34人组成了鉴定委员会，对该研究试制成果进行了认真讨论和评定，鉴定结果如后：

二、鉴定意见

鉴定委员会听取了河南省开封市工艺美术实验厂所作的《仿试制宋官窑工作总结报

—1—

告》《宋官瓷及艺术风格》报告和中国科学院上海硅酸盐研究所合作共同合写的《宋官窑青瓷的研究和试制》报告，经过三天认真讨论和评定的结果，与会代表一致认为：

（1）河南省开封市工艺美术实验厂和中国科学院上海硅酸盐研究所合作，经过反复实验通过对比研究和系统整理，所提出的研究试制报告，内容完整，数据齐全，达到了予期的效果。

（2）仿制工作是在借鉴北宋汝窑和南宋官窑青瓷研究成果的基础上，利用河南当地原料，确定胎、釉配方组成，采用还原焰烧成，烧成温度在1200℃左右的工艺条件下，获得了良好的效果，因之，工艺技术是合理的。

（3）根据文献记载，通过对北宋官窑瓷器胎，釉的大量模拟试制工作，探讨了北宋汝窑，北宋官窑与南宋官窑间的承袭关系，而且仿制产品釉色如玉，风格逼真，可与故宫博物院，上海博物馆等收藏的宋官窑传世品相媲美，成绩显著，仿制工作是成功的，为今后扩大生产奠定了科学的基础。

（4）建议扩大研究和试制的规模和范围，加强技术人员，艺术设计人员以及技术工人的培训，增加设备，扩大生产，精益求精，古为今用，为四化建设多做贡献。

（5）建议对官窑瓷器的开片和裂纹机理进一步探讨。

三、组织鉴定单位审查结论

同意鉴定意见。要改进生产所需要的设备和测试仪器，加强培养技术人员和工艺美术设计人员，充实技术力量，增加经济效益。

四、主要技术文件和提供单位

1．仿试制宋官窑工作总结报告
      开封市工艺美术实验厂

2．官窑青瓷的研究和试制
      河南省开封市恢复官瓷领导小组
      河南省开封市工艺美术实验厂
      中国科学院上海硅酸盐研究所

3．宋官窑瓷及艺术风格
      河南省开封市恢复官瓷领导小组
      河南省开封市工艺美术实验厂

五、主管部、委、总局审查意见：

同意鉴定意见。

仿北宋官窑鉴定委员会名单

姓 名	性别	工 作 单 位	技术职称	行政职务	签 名
（以下按姓氏笔划排列）					
邓 白	男	浙江美术学院	教授		
叶喆民	男	中央工艺美术学院	教授		
冯先铭	男	故宫博物院	研究员		
朱振濂	男	开封市政协		副市长	
刘焕分	女	上海硅酸盐研究所		中国硅酸盐学会秘书长	
汪庆正	男	上海博物馆			

姓名	性别	工作单位	技术职称	行政职务	签名
金庚荣	男	中央工艺美术学院	讲师		金庚荣
徐浩	女	山东省轻工业科技局	工程师		徐浩
徐国桢	男	河南省轻工业美术公司	工艺师		徐国桢
阎建新	男	浙江美术学院	讲师	科长	阎建新
霍丰甲	男	禹县钧瓷工艺美术厂	工程师		霍丰甲
郭进明	男	河南省工艺美术公司			郭进明
严涛	男	河南省工艺美术公司		经理	严涛
钱培琴	女	上海科技出版社	编辑		钱培琴
杨文献	男	河南陶瓷研究所	助理研究员	所长	杨文献

[附录二] 有关北宋官瓷的研究、恢复和鉴定资料

鉴定会职务	姓名	性别	工作单位	技术职称	行政职务	签名
主任委员	冯先铭	男	故宫博物院		部主任	
	叶喆民	男	中央工艺美术学院	副教授		
	汪庆正	女	上海博物馆	副馆长		
	张浦生	男	南京博物院	副研究员		
	李知晏	男	中国历史博物馆	副研究员		
	李辉柄	男	故宫博物院	助理研究员		
	任远	男	开封豆北宋官瓷厂	工程师	厂长	
	赵青云	男	河南省文物研究所	助理研究员	副所长	

鉴定会职务	姓名	性别	工作单位	技术职称	行政职务	签名
副主任	宋伯胤	男	南京博物院	副研究员	副院长	
	李国桢	男	轻工部科学研究院	高级工程师		
	郭演仪	男	上海硅酸盐研究所	副研究员	室副主任	
	阮瑞	男	上海科技大学	教授		
	罗宏杰	男	华东化工学院	教授		
	游恩溥	男	中央轻工业学院	教授		
	傅振伦	男	中国历史博物馆	研究员		
	王云海	男	河南大学	副教授	宋史研究室主任	
委员	仝武扬	男	上海硅酸盐研究所	助理研究员		

【附录三】开封北宋官瓷研究所企业标准

宋官窑青瓷

1 主题内容与适应范围

本标准规定了仿宋官窑青瓷的规格及分类、技术要求、检验、包装、保管、运输方法与规则。

本标准适用于仿汴京官窑青瓷和仿南宋官窑青瓷（以下简称仿宋官窑青瓷）。

2 规格及分类

2.1 仿宋官窑青瓷共分两大类

2.1.1 仿古陈设类：包括尊、瓶、壶、炉、觚、簋等。

2.1.2 仿古器皿类：包括盂、盘、洗、笔架、笔筒、臂阁、盏、碗等。

2.2 仿宋官窑青瓷规格分大件、中件、小件

2.2.1 大件：高度或直径（长度）在 35 cm 以上。

2.2.2 中件：高度或直径（长度）在 20 cm 至 35 cm 之间。

2.2.3 小件：高度或直径（长度）在 20 cm 以下。

3 技术要求

仿古瓷器都有着鲜明的时代特征和民族特征及工艺特点和技术要求，因此仿宋官窑青瓷应符合以下各项规定：

3.1 造型

3.1.1 仿制器件型和被仿制器件型应准确，尺寸相符，最大误差不得超过百分之三。

3.1.2 线条要流畅、饱满、简洁。

3.1.3 器件庄重、沉稳。

3.1.4 不走样、变形。

3.2 釉

3.2.1 釉有粉青、蟹青、虾青、天青、青绿、月下白、炒米黄等色调。如偶出红、紫红、黄等窑变色斑应视为珍品。

3.2.2 釉质润美如玉、精光内蕴、无耀眼浮光。

3.3 胎

3.3.1 不炸裂、不变形。

3.3.2 不过烧、不夹生。

3.3.3 胎体被釉面包裹部分为灰黑色，露出部分为铁褐色。

3.3.4 仿宋官窑青瓷按产品艺术质量及工艺缺陷可分为一级品、二级品、三级品。

（见表一和资料A、资料B）。

表一 宋官窑青瓷产品质量标准

序号	缺陷名称	测定单位	一级品	二级品	三级品
1	变形		底部不平度不大于2 mm，其余部位不明显	底部不平度不大于3 mm，其余部分略有变形，但不影响艺术效果	底部不平度不大于4 mm，其余部位倾斜度不大于5 mm
2	缺釉	面积	非显见面允许10 mm² 一处	非显见部位允许20 mm²，显见部位允许10 mm² 一处	非显见部位允许20 mm²，显见部位允许10 mm² 各两处
3	釉薄		非显见面允许20 mm² 一处	非显见部位允许30 mm²，显见部位允许20 mm² 各一处	非显见部位允许50 mm² 一处，显见部位允许40 mm² 一处
4	棕眼		非显见面允许5个，显见面允许2个	非显见面允许8个，显见面允许5个	非显见面无要求，显见面不得超过10个
5	落渣	直径	不大于5 mm的4个，但必须平去刺手的夹端	不大于3 mm的3个，但必须平去刺手的夹端	不大于3 mm的10个，但必须平去刺手的夹端
6	粘疤	长度	不许可	底部允许5 cm以内的粘疤，但必须磨修平整	底部、器身允许5 cm以内粘疤各一处，但必须磨平
7	胎裂	长度	不许可	不许可	允许20 mm以内裂纹一处

4 检验方法与规则

4.1 检验产品各项技术要求，一般用手感目测，比较对照法。

4.2 检验产品炸裂缺陷和是否胎质烧透，可轻敲击产品，听其声音予以判别。

产品必须经生产厂质监部门检查合格后，并附合格证方可出厂。

5 包装、运输、保管

5.1 硬壳锦盒内分件包装，每件须附合格证。

合格证内容有：（1）产品名称；（2）产品规格；（3）生产厂名；（4）出厂日期。

5.2 出口外运，除包括（5.1项）包装外，由工贸双方签订具体协议，按要求妥善包装。

5.3 两件以上包装箱必须附有装箱单。

装箱单内容有：（1）产品名称；（2）产品规格；（3）产品级别；（4）产品质量；（5）生产厂名。

5.4 包装箱应标注"陶瓷易碎品""小心轻放""不准倒置"，以及厂名、规格、数量、出厂年月等字样。

5.5 产品运输保管，必须轻拿轻放，严禁滚动、抛掷和碰撞。

资料 A　工艺缺陷范围分级标准

A.1　仿制品根据表一规定的缺陷范围划分等级，并需符合下列规定：

A.1.1　一级品缺陷不得超过四种。

A.1.2　二级品缺陷不得超过五种。

A.1.3　三级品缺陷不得超过七种。

A.1.4　一、二级品每件产品上的缺陷不得密集在一处。

A.2　表一分级的工艺缺陷是以显见面为准，分为主要部位、次要部位和不显见部位。本工艺缺陷分级表，测定单位为中件。

A.3　大件、小件产品工艺缺陷可根据产品大小按比例增大或减少。

资料 B　有缺陷术语解释

B.1　变形：产品呈现歪扭或底部不平。

B.2　缺釉：成品表面局部无釉。

B.3　釉薄：成品表面由于釉层过薄形成局部透露胎色的现象。

B.4　棕眼：釉面小孔。

B.5　落渣：釉面粘有灰渣。

B.6　粘疤：烧成后器体与外物粘连形成的残缺。

B.7　胎痕：胎体炸裂。

当代北宋官瓷的研究与恢复
——钧、汝、官三瓷同窑柴烧的回顾（代后记）

《全宋文》载："（太宗）因召三司使谓曰：'朕富有天下，岂虑少缺，但念耕织之苦，每事不欲枉费，卿等宜尽心。'又时东窑务请以退材供薪。……因谓李昉曰：'此虽甚细碎，然山林之木，取之极劳民力，乃以供爨，亦可惜也。'"从这段文字记述中，可见当时东窑务以柴为燃料，由于地在京师，缺少大量的林木开采以供烧窑，为应和太宗"每事不欲枉费"之体恤耕织的苦心，因此东窑务请以其他机构用剩的退材为燃料，这也是开封窑口关于烧窑使用燃料的一个历史记载。"袭故京遗制"的南宋修内司及郊坛下两座官窑的考古发掘，其窑炉火膛基本为柴烧遗迹，故两宋官窑的烧制技艺中，山木林柴作为当时官瓷烧成的主要燃料，应该是不争的史实。

1980年，国家立项并划拨巨额资金，用于研究、恢复开封北宋官瓷的烧制技艺。至1984年，经过专家学者和科技工作者数年辛勤的努力，北宋官瓷的烧制技艺得以成功恢复，烧制的作品通过专家鉴定并获得了高度的评价，专家们普遍认为，恢复烧制的官瓷作品"釉色如玉，风格逼真，可与故宫博物院、上海博物院等收藏的宋官瓷传世品媲美"。可以说，当时使用煤烧官瓷的技艺，已获社会认可。20世纪90年代后期，随着技术的进步和节能、环保的要求，官瓷的烧制，开始使用气窑，至今经历近20年的探索和研究，烧制技艺也愈臻成熟。但欣慰之余，遥想两宋制瓷大业，又总觉有一些遗憾，终究，两宋官窑发轫之时的柴烧技艺，始终如梦如幻，难窥其颜。2013年秋，笔者跟随国家博物馆的侯松园老师拜访南宋官瓷博物馆，其情形也如开封，南宋官瓷恢复烧制技艺以来，也从没有柴烧的经验和经历。而此时禹州钧瓷大师们为追求宋元钧瓷的神韵，已相继恢复柴烧技艺，柴烧钧窑正炉火熊熊，一时颇有影响。侯老师论起官瓷的烧制，言缺乏柴烧的实践，实属一种缺憾。馆藏文物的某些细微之处，多与烧成有关，当然关乎烧窑的燃料，他认为，为后人传承计，两宋官窑进行柴烧试验，远比多烧一两窑作品重要，对丰富和完善两宋官窑的烧制技艺，有着非常的意义。

杭州之行后，侯松园老师先后两次从北京赴神垕，在张自军老师的炉钧工作室，大家共同探讨了柴烧炉钧瓷和官瓷的一些窑炉构建及烧制技艺问题，并希望借助张老师现有的柴窑和窑具，更主要的是借助张老师在柴烧方面的经验，完成钧、官两瓷的同窑烧制。那时还不敢有专门研究钧、汝、官三瓷同窑柴烧的计划，因为道理很明白，特别是釉薄体小的汝瓷，与钧、官两瓷不仅烧成温度有较大差别，其满釉裹足、只能支钉装烧的方式，也与钧瓷、官瓷的裸胎圈足装烧和垫烧大有区别，何况汝瓷与钧瓷、官瓷进入还原气氛的转火温度也不一致，且瓷釉在高温阶段的黏度、流动性也大为不同；当时实在不敢有三瓷同窑烧制的想法，这不仅只是烧成难度的问题，而是在于三瓷烧制技艺的不同点太多，纵能顾及其一，却很难顾及全面，不说前无先例，按理论和规矩也没有同窑烧制之理。幸运的是，从文化创新方面考虑，省民间文艺家协会的领导程建军主席热心民间文化抢救工程，认为探索河南三大名瓷同窑柴烧，在传承古人的烧制历史文化以及烧制技艺的同时，也极富时代的创新意义，并很有可能为三瓷的工艺特色和艺术价值开创出新的领域，值得用心探索。钧、汝、官三瓷同窑柴烧的筹划遂因此而缘起。

其实，钧瓷的柴烧技艺自金元时期基本已断代，其所用柴薪逐步被当地丰富的煤炭资源所取代。直到前些年，在禹州城内的八卦洞附近发现了宋钧窑遗址，发掘出举世罕见的"双乳状火膛窑"古窑窑炉，引领并启发了钧瓷人对窑炉的改造和重建。特别是最近几年，不少钧瓷艺术家开始将颇为损耗资源的煤烧改为柴烧，并逐渐恢复了钧瓷的柴烧技艺。而宋元后的汝瓷、官瓷，不要说柴烧，其瓷种本身已不复存在，技艺失传，彻底断烧了。虽在改革开放的新时期，汝瓷、官瓷相继恢复了烧制技艺，但却从来没有建过柴窑，更谈不上柴烧的经历。所以，已在柴烧钧瓷方面有过多年烧制实践经验的张自军老师，义无反顾，担当起钧、汝、官三瓷同窑柴烧的重担。

从工艺上说，相比燃气窑炉，柴窑装烧的劳动量要大得多，作品需要先装匣钵，而为了防止匣钵在高温时粘连或落渣，影响作品的烧成，在装烧作品前，还要先用含铝量较高的碱石浆料刷口和刷底。其后，根据窑炉的容积，在装烧时，挡火墙的高低、匣钵间的孔隙和距离，测火孔与坯体之间的距离，以及火焰与灰烬的流动走向，都必须考虑周全。对于钧、汝、官三瓷同窑柴烧，

在考虑周全基本的装烧工艺后，还要依据三瓷不同的烧成温度，决定三瓷不同的装烧位置，这也使得装烧过程尤为复杂。这次钧、汝、官三瓷同窑柴烧，几经深思熟虑，在确定并绘制出三瓷装烧大致窑位的草图后，仅装烧过程，就用了三天时间，其劳动量之大，可想而知。

由于官瓷和汝瓷是纯单色釉，与钧瓷追求出窑万彩的艺术效果不同，同窑柴烧时，既要刻意注重钧瓷作品的火痕、落灰与因此而形成的出人意料的自然釉彩及印记效果，又要谨防火痕与落灰对官瓷、汝瓷的侵害。因为官瓷和汝瓷的纯净温润，是其品质的根本保证，一个黑点即为瑕疵，更何况火痕和落灰了。而官瓷虽较钧瓷的烧成温度低，但比汝瓷的烧成温度还要高许多，所以不仅要给汝瓷让出较低的火位，还要尽量装在汝瓷前面为汝瓷挡火，这矛盾而又必须统一的装烧艺术和窑技确实极富魅力，令人回味无穷。

除此之外，令人迷恋的还有窑炉本身的热工设计以及柴烧的驭火技艺，对于当下从未实践过柴烧技艺的官瓷烧制来说，实为一次极其珍贵的学习及实践机会。在窑区大家都有这样的共识：中国古代陶瓷艺术的文明，不独反映在传世的作品上，其高温成瓷的窑炉、窑具、窑技也充满了神秘和神奇的文化色彩，且是珍贵的文化遗产。至今一些国内外的学者，在仰慕中国五大名窑传世器物的同时，对中国古窑炉及烧成温度，仍有想不通之处，确实，那时在掘地而建的土窑里，在缺失耐火材料及保温材料的黄泥砖瓦窑腔，仅靠木柴燃烧竟能达到1300 ℃高温的成瓷温度，并烧制出了光彩夺目且真实不虚的艺术珍品，怎不令人感到匪夷所思？但这也正是古代中国陶瓷艺人的聪明智慧和荣耀所在。"火之艺术"的实现，就在于窑炉热工极为科学的设计。1974年在禹州城内八卦洞附近考古发现的钧窑遗址，发掘出宋代双乳状火塘窑，该古窑共分为双乳状主、

副火塘(即燃烧室)和窑室、烟道、烟囱五个部分，其热工原理是，因窑炉有两个火膛，点火时先点主火膛，当窑温达到预定的温度时，再点燃副火膛，然后在追火时分别往两个火膛加柴。如此科学地分级燃烧，加大了燃烧区和匣钵(瓷器)的触火面，合理地利用了燃料和热量，其满足钧瓷的成瓷窑温，当在情理之中。张自军老师的柴窑，即是依据古窑改建。更为合理的是，张老师将独朝一面的双乳状火塘，改为窑的两侧驭火，克服了双乳状火塘的窑室前后温差过大的缺陷，烧窑时也是两边同时点火投柴；初期投入一些细小干燥的木材，以利于起火燃烧，随着温度的升高，开始投掷一些粗大(较重)的木材用作持续供热的基础，保证窑炉的正常升温；进入转火阶段，适当配入一些利于燃烧的、较小的木块，用以提高木柴的燃烧速率，改善还原烧制升温的困难，至于一些因潮湿或树节过硬难以燃烧的木柴，在高温时投放，也易于窑炉平稳升温。此次钧、汝、官三瓷同窑柴烧，在烧制过程中，基本按预定方案控制燃烧状况与升降温的速度，至980℃转为还原烧制，住火温度为1240℃，共烧制23个多小时，用柴4吨余。

令人稍感欣慰的是，尽管钧、汝、官三瓷同窑柴烧是第一次，史无前例，但开窑的烧成率已达50%，钧、汝、官三瓷均烧出令人赞叹的精品窑魁。张老师为防止汝瓷、官瓷烧制过火，未敢让窑温完全达到钧瓷的成瓷温度。尽管在烧制前，钧、汝、官三瓷都调整了釉方配比，以求尽量缩小相互间成瓷温度的差距，但所憾的是，张老师的一些钧瓷作品，还是稍有夹生，距烧结差了不到10℃，实在让人痛惜，否则，远不止50%的烧成率了。

至于此次钧、汝、官三瓷同窑柴烧作品的艺术品质，于官瓷而言，由于木柴燃烧所呈现出的火焰极为柔和绵长，加之整个烧成的时间几乎是燃气窑炉用时的两倍，因此还原烧制的时间也更为漫长，烧出的作品釉面非常细柔光洁，典雅端庄，釉质如脂如玉，醇厚浑圆，抚之仿佛出油，并散射出温润的光芒，实比气窑烧制的作品感觉润美。但在开片方面，与燃气烧制稍有不同的是，或许缘于此前为了靠近钧瓷的烧成温度，笔者特意增加了釉料配比中石英的用量，虽提高了釉的烧结温度，却也限制了作品釉面的开片，除少数三两个小件作品出窑即形成开片外，多数作品，包括两件毫无瑕疵的大件作品，均没能像燃气窑炉烧制的那样，开窑即得天籁般的片纹，这一点，今后还需研究和实践。在烧成率上，官瓷虽为首次柴烧，而且还和钧、汝二瓷同烧，烧成率仍让人意料不到。此次柴烧共装15件，除却窑膛口两件因离火太近，完全高温玻化成为废品外，其他作品，纵小部分还有点瑕疵，不过依据官瓷的行业标准，基本算烧成。两件大作品，无任何瑕疵，当时即列为窑魁。总之，在河南省民间文艺家协会的倡导和支持下，钧、汝、官三大名瓷同窑柴烧成功，实乃一件美好事物，不仅开创了一窑烧制多瓷种的历史先河，更使得官瓷填补了当下烧制技艺中的一项空白，完成了由煤烧到气烧到柴烧的艺术实践，丰富和完善了北宋官瓷的烧制技艺，这尤令我感到欣慰和感激。因为我始终相信，高贵的艺术，是以诚敬的力量直接完成的。